EDAF
MADRID - MÉXICO

GIBRAN JALIL GIBRAN

EL LOCO

LAGRIMAS Y SONRISAS

Prólogo de M. ASENSIO MORENO

BIBLIOTECA EDAF

182

Director de la colección:
MELQUÍADES PRIETO

Traducción de:
FRANKLIN BARCO

Dirección en Internet: http://www.arrakis.es/~edaf
Correo electrónico: edaf@arrakis.es

Depósito legal: M. 43.931-1998
ISBN: 84-7640-350-X

PRINTED IN SPAIN IMPRESO EN ESPAÑA

Closas-Orcoyen, S.L. - Pol. Ind. Igarsa - Paracuellos de Jarama (Madrid)

INDICE

Págs.

PROLOGO

Gibrán Jalil Gibrán (o Khalîl Gibrán, como él firmaba en inglés) es sin duda el poeta de cultura árabe más famoso de los tiempos modernos. Mundialmente, se le conoce como «El Inmortal Profeta del Líbano» —Profeta, que es todavía más que Poeta—; sus obras han sido traducidas a prácticamente todos los idiomas cultos y en todos ellos han alcanzado numerosas ediciones.

Si en vez de a la cultura árabe nos hubiésemos referido a la cultura oriental en general, tendríamos que decir que esa grandísima fama que hace que sus obras las lleven en el bolsillo, o las tengan como libros de cabecera, no sólo la gente culta, sino también la «menos culta», la ha compartido con el hindú Rabindranath Tagore, con quien también comparte una serie de cualidades —y calidades— humanas y, digamos, profesionales, si tan prosaico término es aplicable a labores de índole tan espiritual como las que llevaron a cabo ambos personajes.

En efecto, cualquier breve «currículum» de Tagore nos lo presenta como poeta, pintor, humanista, patriota y educador como sus principales títulos. También Gibrán fue poeta y pintor; humanista, sin duda; cierto que su patriotismo no fue de índole tan activista como el de Rabindranath, aunque tampoco se puede decir que se limitara a ser un sentimiento sin influencias prácticas. Las ha tenido, indudablemente, en más de una generación de libaneses y de árabes en general. En cuanto a lo de educador, él no fundó una escuela, como la tagoriana de Shantiniketán, pero toda su obra rezuma un fuerte aroma didáctico y su voz es en todos sus libros, como reza el título de uno de ellos, *La voz del maestro*. Por otra parte, ambos se expresaron especialmente en breves poemas en los cuales la belleza literaria se aúna con la profundidad filosófica, y por lo que respecta a los contenidos, la fusión panteísta con la naturaleza está presente en ambos, como lo está la religación con la divinidad y, muy fundamentalmente, el canto a la paz y al amor, a la vida sencilla, a ese hombre auténtico, quintaesenciado, que representa algo así como el alma del pueblo o —quizá fuera mejor decir— de un pueblo.

Ambos recibieron una educación preferentemente inglesa —aunque Gibrán, en versión norteamericana—, lo que no les hizo renunciar —ni mucho menos traicionar— a sus raíces genuinas. Por lo demás, Rabindranath Tagore vivió ochenta años (1861-1941), mientras Gibrán Jalil Gibrán (1883-1931) no llegó a alcanzar los cincuenta. Todos los años de su vida se inscriben en el período de la existencia terrestre del excelso cantor de Calcuta. Como él, vivió el tránsito del siglo XIX al XX y, en un sentido histórico político, momentos cruciales para el Cercano y el menos Cercano Oriente. A los dos hay que considerarlos como los más importantes precursores o anunciadores de esa onda de orientalismo que ha creado, en los años medios de nuestro siglo, y todavía sigue refrescando, las mentes resecas que se resisten a agostarse del todo por la influencia del materialismo hedonista y consumista del Occidente industrializado y tecnocrático.

* * *

Decíamos al prinicipio que Gibrán Jalil Gibrán es conocido como «El Inmortal Profeta del Líbano». Es un título encomiástico merecido, de tipo general, que en realidad resume otros más concretos que diversas personalidades le otorgaron como reconocimiento a su ingente —por lo extensa y profunda— labor. El doctor Andrew Dib Sherfan, en la introducción a su ensayo *La naturaleza del amor,* que dedicó a la filosofía amorosa de Gibrán, enumera una serie de opiniones sobre su compatriota, que merece la pena trasladar aquí, porque demuestra no sólo la admiración que suscitó, sino también la popularidad de que gozó en todo el mundo.

El gran escultor Auguste Rodin dijo, en un libro dedicado a su amigo Henry Beaufort, que el mundo tenía que esperar mucho de este genio del Líbano, y manifestó que Gibrán era «el William Blake del siglo XX». En su libro *Estos son los Estados Unidos de América,* Arnold Bennett les dice a los árabes que deberían enorgullecerse de que Gibrán hiciera recordar la Torá, los Salmos y las enseñanzas de Jesús al materialista pueblo americano. Por su parte, el doctor William Guthrie, que tenía una profunda fe en la misión de Gibrán como profeta, se refirió al libro de éste, *Jesús, Hijo del Hombre* como a «la Biblia según Gibrán». En este mismo sentido, Arthur Berzbein dijo: «Si yo fuera uno de esos creyentes que esperan la segunda venida de Cristo, pensaría que ha regresado encarnado en la persona de Gibrán».

El presidente Wilson, al saludar a Gibrán, le dijo: «Usted es la primera tormenta oriental que arrasa este país, y cuántas flores ha traído.» El doctor Charles Fletcher dijo que la pluma y el pincel de Gibrán habían revelado lo más precioso que su generación había brindado a los Estados Unidos de América. Y, cuando la muerte del escritor libanés, Claude Brandon le hizo el siguiente homenaje: «Ningún otro merece ser llamado filósofo, poeta, pintor, noble, tanto como aquel a quien los Estados Unidos han perdido en la persona de Gibrán, la luz que brilla, en cuyas páginas viene del Líbano.

En su libro *Ese hombre del Líbano*, la escritora americana Bárbara Young considera que los pensamientos de Gibrán son tan sagrados como las Sagradas Escrituras, y lo mismo debieron de pensar otros, pues la misma autora refiere que todos los años, en Saint Mark's in the Bowery (Nueva York), se representa una adaptación de *El Profeta* como drama religioso y que la misma iglesia tiene un oficio vespertino en el que las lecturas están sacadas «de los ritmos de Khalil Gibrán, el poeta-profeta del Líbano». Prácticas que fueron iniciadas por el doctor William Guthrie. En su número de julio de 1968, el *National Catholic Reporter* informa que el ex sacerdote James Kavanaugh celebró una boda y en ella leyó, en vez de pasajes de la Biblia, fragmentos de *El Profeta*:

> *Cantad y bailad juntos, regocijaos, pero dejad que cada uno de vosotros esté solo, tal como están solas las cuerdas del laúd aunque vibren con la misma música.*

El propio doctor Andrew Dib Sherfan, que nos suministra, como hemos dicho, todas estas informaciones —y otras, como que la señora de Douglas Robinson, hermana del presidente Roosevelt, ofreció una noche un banquete en honor de Gibrán—, supo por el hermano Edward Baldwin, ex jefe de novicios de la casa de formación de los novicios de la Orden de La Salle, que éstos tenían *El Profeta* de Gibrán como uno de sus libros favoritos para las horas de meditación.

* * *

El pequeño territorio del país que conocemos por el

nombre de Líbano se inscribe de lleno en la geografía bíblica. Rico en bosques, es famoso sobre todo por sus cedros, considerados sagrados, pues de entre ellos se escogieron los troncos que habrían de suministrar la madera para la construcción del gran templo de Salomón. El *Cantar de los Cantares,* el *Eclesiastés* y, en general, todos los libros sapienciales están plenos de alusiones a los cedros del Líbano.

La parte norte es particularmente bella. Las altas montañas, con un manto de nieves perpetuas, alternan con valles floridos y con los tupidos bosques de que ya hemos hablado. En medio de este idílico paisaje, en la cima de una de las más elevadas montañas, se levanta la ciudad de Becharre, núcleo de su comarca, y considerada tradicionalmente la guardiana de la floresta sagrada. En ella, el 6 de enero de 1883, nació Gibrán Khalil Gibrán, el autor de los dos libros que se recogen en este volumen, y que llegaría a ser considerado, como ya hemos apuntado, el más grande poeta árabe de los tiempos modernos y uno de los más grandes de todos los tiempos.

Su padre se llamaba Kahlis ben Gibrán ben Youssef ben Gibrán, y su trabajo consistía en cuidar las ovejas de un rico ganadero de la región. Su madre, Kamile Rahme, era hija de un sacerdote cristiano maronita, Estephane Abdel Kader, que se fue como misionero al Brasil, donde su hija se casó y enviudó, regresando entonces con el hijo que había tenido, Pedro, a su país natal, donde volvió a contraer matrimonio, del que habrían de nacer, además del futuro poeta, dos hijas, Sultana y Mariana.

Gibrán fue bautizado por sus padres en la iglesia maronita a la que ambos pertenecían. Fundada por San Marón, no se trata de ninguna facción separada del catolicismo, sino de una de las variedades orientales de éste, que sólo difiere del romano en algunos puntos de la liturgia y en que hace una cuestión opcional del celibato de los sacerdotes. De acuerdo con las costumbres libanesas de la época, el futuro escritor recibió como último nombre el de su abuelo paterno, un hombre notable del que se cuentan sabrosas anécdotas. Se dice, por ejemplo, que en cierta ocasión un obispo, amigo de las autoridades locales, le envió una carta insultante. En un ataque de orgullo, el abuelo Gibrán respondió al mensajero: «Dile que Siria es la más grandiosa región de todo el Imperio Turco, que el Líbano es la esplendente corona de Siria, que la ciudad de Bessarri es la piedra preciosa más refulgente de esa corona, que Gibrán es el apellido más ilustre de Bessarri y que yo soy el patriarca de esa imponente familia.»

Quizá los genes de este iracundo patriarca influyeron en la personalidad de Gibrán Khalil Gibrán, por algunos considerada contradictoria y hasta turbia. De lo que no cabe duda es de la gran influencia que en él ejerció su madre, una morena esbelta y muy inteligente. De que su hijo la adoraba, son prueba estas palabras que escribió: «La palabra más maravillosa en labios de los hombres es *Madre;* y la más tierna llamada es *madre mía.* Es una palabra llena de amor y esperanza, una dulce y delicada palabra que viene desde lo más hondo del corazón. La madre es todo; ella es nuestro consuelo en el dolor, nuestra esperanza en el infortunio y nuestra fuerza en la debilidad. Ella es la fuente de amor, misericordia, solidaridad y perdón. Aquel que pierde a su madre, pierde a un alma pura que lo bendice y lo guarda constantemente.

«Todo en la naturaleza predice a la madre. El Sol es la madre de la Tierra y le da el alimento del calor; nunca abandona el firmamento, por la noche, hasta no haber puesto a dormir a la Tierra, acunada por la canción del mar y por el himno de los pájaros y de los riachuelos. Y esa Tierra es la madre de los árboles y de las flores. Ella los produce, los alimenta y los libera gradualmente

Los árboles y las flores, a su vez, generan sus maravillosos frutos y semillas. Y la madre, prototipo de toda la existencia, es el eterno espíritu, lleno de belleza y de amor.»

Kamile fue también, mientras vivió, la consejera a la que el escritor sometía todos sus manuscritos, y su ascendiente y dominio fueron tan grandes, que proyectó una influencia decisiva en el destino de la que es considerada la obra cumbre del autor, *El Profeta.* Cuando, en 1903, Gibrán mostró a su madre el manuscrito recién redactado en árabe, ella lo aprobó, pues había captado su importancia, pero advirtiéndole: «Es muy hermoso, hijo mío, pero aún no ha llegado el tiempo para su publicación. Déjalo de lado por algún tiempo.» Gibrán obedeció y lo dejó de lado durante cinco años. Al cabo de ellos, estando en París y muerta ya su madre, en cuyo juicio siempre tuvo una fe ciega, hizo una nueva redacción, también en árabe; y esta vez fue él mismo quien pronunció sobre su obra un juicio semejante al que había pronunciado su madre. Durante los cinco años siguientes reescribió la obra cinco veces, poniendo en todas ellas, en el encabezamiento del manuscrito, esta invocación: «Dios mío, ayúdame a expresar la verdad con las palabras de belleza que mi pluma trace en este cuaderno.» Finalmente, a los diez años de haber esbozado el primer borrador, llevó a cabo la redacción definitiva de la obra, pero esta vez en inglés, desde la cual lengua irradió a todas las demás, situando al autor en el lugar preeminente que desde entonces ha ocupado. Hablábamos al principio de ciertos paralelismos entre el destino de Gibrán y el de Tagore. A éste se le concedió el premio Nobel en 1913. Sin duda, su relativamente temprana muerte privó a Gibrán de este galardón tan merecido. Pero sigamos con el relato de su vida.

Personalidad excepcional, extraña, Gibrán fue un niño tímido y poco sociable, aficionado a la soledad. Horas y horas pasaba enfrascado en la lectura y en la meditación, contemplando reproducciones de las pinturas de Leonardo da Vinci o pulsando algún instrumento musical. Cuando llovía, gustaba de ponerse quieto bajo el aguacero, mirando hacia el cielo como si de esta forma comulgara la Naturaleza.

En su ciudad natal realizó los estudios primarios, comenzando por el aprendizaje del árabe, el sirio y el catecismo cristiano. Por su cuenta aprendía también los salmos de David, muchos de los cuales podía recitar de memoria. Su madre, por otra parte, ayudaba a desarrollar su fantasía, leyéndole relatos de héroes árabes, como *Harum el Rashid* y los *Cantos de caza* de Abu N'was. Hay que anotar que, en aquella época, el Líbano, como tantos otros países árabes, sufría la dominación turca, circunstancia que también pudo influir decisivamente en la forma de sentir el poeta su patriotismo. Poco antes de su nacimiento, los drusos, armados e instigados por los turcos, habían producido una gran matanza de libaneses y, aunque menos sangrienta, no era menos dura la situación durante su niñez por causa de la ocupación. Esta fue la causa de que tantos libaneses, como ahora los palestinos, emigraran a otras partes del mundo, especialmente al continente americano. En este sentido, la familia del poeta no fue una excepción. En 1895, cumplidos ya los doce años, Gibrán emigró a los Estados Unidos con sus hermanos y su madre —el padre quedó en el Líbano—, estableciéndose en Boston. Allí Pedro encontró pronto trabajo. La madre y las hermanas contribuían también a la economía familiar con labores de costura. En cuanto al pequeño Gibrán, frecuentó una escuela pública de niños americanos durante dos años y medio, prosiguiendo después sus estudios en una escuela nocturna.

Unos biógrafos dicen que fue a causa de la insistencia de Gibrán; otros, que fue cosa de su madre, que, por una parte, no quería que se desarraigase definitivamente de sus raíces culturales y, por otra, deseaba apartarle de la influencia de una mujer de moral más que dudosa en cuyas redes había caído el adolescente y que, al parecer, deterioró más de lo conveniente el normal discurrir de su vida. El caso es que Gibrán marchó a Beirut para cursar estudios en la famosa Madrasat Al-Hicmat (Escuela de la Sabiduría), fundada por el obispo maronita Josef Debs. En Beirut aprendió árabe y francés, hizo estudios de medicina, derecho internacional, historia de las religiones y música. Viajó por todo el Líbano y por Siria, visitando los lugares históricos de ambos países. A los dieciséis años, consiguió ya publicar algunas cosas y él mismo fundó una revista llamada *Al Haqiqat* (La Verdad). También pintó retratos de varios poetas preislámicos, como Al Farid, Abu N'Was y Al Mutanabbi.

En 1901 viaja por Grecia, Italia, España y Francia, deteniéndose algún tiempo en París, donde escribe en árabe *Espíritus rebeldes,* libro que, una vez publicado, le procura una doble condena. La edición es quemada públicamente en una plaza de Beirut y el autor es condenado al destierro y excomulgado por su iglesia, que considera el contenido de la obra «peligroso, revolucionario y nocivo para la juventud».

En 1903 regresa a los Estados Unidos, sin saber que nunca más volverá a pisar suelo libanés. La causa del regreso es la muerte de sus hermanos Pedro y Sultana y una grave dolencia de su madre. En Boston se dedica con más intensidad que nunca a la pintura y conoce a la señorita Mary Haskell, que, convencida de su talento, se convertiría en su protectora, organizándole exposiciones y presentándole a gente influyente.

En 1908 regresa a París, pasando por Londres, para estudiar en la Academia Julien y en la de Beaux Arts. Conoce y trata al gran escultor Auguste Rodin, al músico

Claude Debussy, a Henri de Rochefort, Edmund Rostand y Maurice Maeterlinck, entre otras personalidades. Cuando regresa a Boston en 1910 es por poco tiempo, ya que muy pronto fija su residencia en Nueva York, donde habría de vivir con su hermana Mariana hasta su muerte, ocurrida en el Saint Vicent's Hospital el 10 de abril de 1931. Para entonces ya era una gloria nacional y por esta razón sus restos fueron trasladados solemnemente —el féretro cubierto por las banderas libanesa y norteamericana— al Líbano, donde sería enterrado, como uno de los más grandes libaneses de todos los tiempos, en el convento de Mar Sarquís, en su ciudad natal. Un lugar que hoy es objeto de peregrinaciones. Una año antes, Gibrán había expresado a su amigo Féliz Farris, en una carta en la que también se refería a la enfermedad que habría de acabar con su vida, a su deseo de retornar para siempre a la patria:

«... No es extraño que ambos estemos tocados por la misma flecha y al mismo tiempo. El dolor, hermano mío, es una poderosa e invisible mano que quiebra la superficie de la piedra para extraer lo que hay en su interior. Todavía estoy a merced de los médicos y debo permanecer sujeto a sus pesos y medidas hasta que mi cuerpo se rebele contra ellos, o mi alma se rebele contra mi cuerpo.

»La rebelión deberá venir bajo la forma de una rendición, y ella bajo la forma de la protesta; pero me rebele o no, debo volver al Líbano y refugiarme par huir de esta civilización que marcha sobre ruedas. A pesar de todo, juzgo más sensato no dejar este país antes de romper los hilos y las cadenas que me prenden; ¡y esos hilos, y esas cadenas son muchos! Quiero volver al Líbano, sí, y permanecer allí para siempre. Para siempre».

Y para siempre volvería, pero no vivo.

* * *

Khalil Gibrán es una de esas personalidades cuya biografía se suele despachar con unas convencionales palabras que aluden a que su vida se confunde con su obra. Realmente, en su caso, es lo que se suele hacer, tras aludir a sus viajes, estudios, amistades, exposiciones de pintura y gestación y publicación de sus obras. Es el caso, sin embargo, que resulta interesante ofrecer siquiera algunas pinceladas sobre otras facetas de su peresonalidad. Por ejemplo, al lector apasionado por la exquisita sensibilidad del autor de *El Profeta* y *El loco,* le resultará sin duda curioso enterarse de que por la misma época (1926), en que aparece *Arena y espuma,* colección de máximas y exhortaciones, originalmente escritas en árabe y con posterioridad traducidas al inglés, una de las obras en que Gibrán acusa más la influencia de Willian Blake y en la que se leen cosas como éstas:

«La perla es un templo construido por el dolor alrededor de un grano de arena».

«El amor que no se renueva a diario se vuelve esclavitud».

«Generosidad no consiste en que me des algo que yo necesito más que tú, sino en que yo te dé algo que tú necesitas más que yo».

... En la misma época en que se publica *Arena y espuma,* íbamos a decir, Gibrán se embarca en un negocio de especulación en el que pierde absolutamente todo su dinero.

Respecto a su activismo patriótico, al que ya nos hemos referido de pasada, conviene señalar que, cuando la ya también señalada estancia en Londres, camino de París, Gibrán se encuentra allí con Al-Rihani y Huwayyit y entre los tres acuerdan un plan para revitalizar culturalmente la patria árabe, a través de un acuerdo entre diversas personas y facciones que consiguieran que la paz volviera al Medio Oriente. También deciden colaborar en la construcción de un teatro de la ópera con dos cúpulas, una que representara al islam y la otra al cristianismo, en señal de la unidad de ambas culturas. Con el mismo sentido patriótico, Gibrán funda en 1911 Al-Halqa-al-Dhahabiyya (El eslabón de oro), de carácter cuasi político, con el propósito de liberar a los países árabes del dominio otomano

Por último, aludamos a sus relaciones con las mujeres. Ya hemos mencionado a Mary Haskell. Antes de sus relaciones con ella, a las que enseguida nos referiremos, el poeta conoce y se enamora de una joven francesa, Micheline, quien le abandona para marcharse a París para casarse con otro. Y está también aquella mujer de quien su madre le quiso apartar enviándole al Líbano y respecto a la cual leemos en el ya citado libro de Andrew Dib Sherfan que era «una malvada mujer que deterioró su vida normal».

Un prólogo no es el lugar adecuado para llevar a cabo investigaciones en profundidad; pero algo debió de pasar en la vida de Gibrán que justifique un juicio como el que hace el profesor Martínez Montávez en su *Introducción a la literatura árabe moderna;* un juicio emitido por cierto después de reconocer que el movimiento «Mahyar», primer grande y auténtico movimiento de renovación de la literatura árabe moderna que, curiosamente, nace fundamentalmente en la emigración y «es obra de hombres expatriados que cargan con muchas dolencias en el cuerpo y en el alma», tiene un adalid paradigmático en Gibrán, «quizá el mayor temperamento artístico que la literatura árabe moderna haya producido». El juicico de Montávez a que nos referimos es el siguente: «Simple y refinado juntamente, pagano y religioso (*sic*), inocente y culpable, Yubrán es un formidable espíritu contradictorio en el que todas las posibilidades de potenciación humana se contienen. En raíz, este poeta de turbia vida es un hombre de nítido sentir que pretende celebrar una armónica integración de principios singulares e independientes. Fusión e independencia (libertad) es una de las muchas claves dialécticas de su verso, en el que alienta como un pagano esponsal de fuerzas naturales sueltamente expresándose:

«Amaos unos a otros, pero no atéis al amor.
Y dejale que sea como un mar ondulante entre las playas
[de vuestras almas.
Que la copa del otro llene cada cual, pero de una sola copa
[no bebáis.
Que cada uno dé al otro de su pan, pero del mismo
[trozo no comáis.
Cantad y danzad juntos, alegraos, pero que cada uno
[de vosotros esté solo.
Justo como las cuerdas de la cítara, cada una sola,
pero sacando todas la misma melodía.
Y estad juntos en pie, mas no demasiado cerca.
Pues las columnas del templo se alzan separadas.
Y el ciprés y la encina no crecen a la sombra uno del otro».

«Es, sigue diciendo Montávez, un poeta pánico oriental este hombre —él, víctima de las formas de existencia urbana que se hunde en la Naturaleza dejando al aire, como mensaje, el rastro de su canto:

«Dame la flauta y canta,
que la oración mejor es ésa: el canto,
y el gemir de la flauta permanece
aun despueś que termine la vida».

* * *

Mary Haskell era diez años mayor que Gibrán, pero sus relaciones llegaron a ser íntimas, según nos informan Salma Haffar Al-Kuzbari y Suhayl Bushru'i, prologuistas de *Llama azul,* quienes añaden: «Ambos se amaban apasionadamente, dentro de una amistad de vinculación espiritual, en los dos enfermiza». Mary, aparte de la protección y ayuda a que ya nos hemos referido, fue la impulsora del viaje y estancia en París para estudiar pintura. Al regreso del mismo, Gibrán le pide que se case con él, pero es rechazada su proposición de matrimonio, «que para ella era un acto simbólico más que expresión de verdadero sentimiento», porque «tenía depositadas en él grandes esperanzas y sabía que era un espíritu rebelde y que, como tal, le convenía vivir libre para innovar y crear». Pese a este rechazo, siguieron siendo íntimos amigos. Gibrán le dedicó más adelante a Mary su libro *Alas rotas* y le legó el contenido de su estudio.

Pero hemos mencionado *Llama azul*. No es propiamente un libro de Gibrán, sino una recopilación de las cartas que dirigió a Mary Ziyadeh —la escritora árabe Mayy—, cuya fama se había extendido por los medios literarios egipcios y libaneses tras la publicación en francés de su poemario *Flores de sueño*. «Esta correspondencia, que duró veinte años, dicen los prologuistas antes mencionados, y que no terminó sino con la muerte de Yubrán, se distingue de las demás por un carácter peculiar que nos ayuda a penetrar en la personalidad de Yubrán y a conocer nuevas facetas de la misma, al igual que nos hace conocer a la Mayy literata y poetisa que profesaba a Yubrán un gran amor, un amor espiritual, que fue sobre todo causa de sufrimientos. Sí, Mary amaba a Yubrán, pero tenía miedo a amar, según su propia expresión, porque esperaba mucho de él y temía ser decepcionada.

«Estos dos rostros envidiados en el mundo de la literatura, reunidos por los más fuertes vínculos intelectuales, espirituales y humanos en la madurez de sus vidas, jamás se encontraron, aunque el hacerlo estaba a su alcance... Ello es lo que nos lleva a afirmar que la relación que les unía es una de las más infrecuentes que se hayan dado entre literatos en la historia, y una de las que más llaman la atención y hacen reflexionar. La correspondencia entre escritores y artistas les ha llevado, la mayor parte de las veces, a conocerse de cerca y hasta a casarse a veces, pero los escritores de *Llama azul,* que vivieron en la primera mitad del siglo XX, se amaron e intercambiaron retratos, ideas y sentimientos, aunque sin gozar el placer del encuentro, sino anhelándolo, solteros hasta su muerte».

En el elogio fúnebre que dedicó a Gibrán, en vez de demostrar desesperación o pena, como la totalidad de sus admiradores ante su temprana desaparición, Mayy escribió estas palabras:

«¡Hiciste bien al partir! Y si tenías otra palabra, lo mejor para ti es fundirla, formarla, purificarla, agotarla en un mundo que quizá sea superior en muchas cosas a este mundo nuestro...»

* * *

En este volumen se recogen dos obras de Gibrán, *Lágrimas y sonrisas,* de 1914, que es, como ha señalado la crítica, una obra de inspiración nietzscheana, en la que se produce una transposición continua, como en Gustavo Adolfo Bécquer, entre el amor y el dolor, y *El loco,* de 1918, también en cierto modo nietzscheana, pero más bien en lo formal, desde el momento en que el autor se sirve de la figura de un loco como intérprete y portavoz de su pensamiento, al igual que Federico Nietzsche utiliza a Zaratustra en *Así habló Zaratustra,* como el pregonero de su filosofía.

Razones editoriales han unido estos dos libros, breves como todos los de Gibrán, como anteriormente unieron *El vagabundo* y *Ninfas del Valle* o *El Jardín del Profeta* y *Arena y espuma.* Sin embargo, en el caso presente, la coincidencia es, podríamos decir, providencial, pues nos encontramos ante dos obras en cierto sentido emblemáticas. *Lágrimas y sonrisas* es la última obra de la etapa primeriza de Gibrán, en tanto que *El loco* no sólo puede ser considerada una obra mayor —más aún, una de las obras más importantes y características del autor—, sino que es también aquella que inicia el *boom* del escritor libanés en Occidente. Es tras su publicación cuando los americanos le abren las puertas a la fama, le acogen en sus instituciones culturales y le lanzan, puede decirse, al mundo. A partir de la publicación de *El loco,* el renombre de Gibrán no hará más que crecer. Por otra parte, gracias a *El loco,* el escritor es comprendido en su exacta dimensión.

En el sentir de Gibrán, teniendo en cuenta todo el conjunto de su obra, la palabra loco de este título, con todo lo que abarca —por supuesto, más que esta sola obra determinada—, constituye como una gran metáfora. El loco es el poeta, porque el hombre razonable no puede captar por sus solos medios la dimensión poética del mundo. De hecho, en los primeros tramos de esta obra concreta, *El loco,* el portavoz filosófico-artístico de Gibrán parece que va como enloqueciendo poco a poco, o, lo que es lo mismo, separándose de la visión común que tienen las personas normales, y descubriendo el fondo de las cosas, que sólo se pueden expresar a través de un lenguaje distinto. No podemos olvidar por otra parte, sin embargo, que en una carta a Mayy Ziyadeh, que había comentado el libro en la revista egipcia *Al-Hilal,* Gibrán niega su identificación total con el personaje. Después de agradecer la crítica y alabar la inteligencia y los vastos conocimientos de la escritora, aclara: «De ninguna manera ''el loco'' soy yo. La pasión que ambicioné traer a través de los labios de un personaje que cree, no representa mis propios sentimientos. El lenguaje que encontré de acuerdo con los deseos de ese hombre loco es diferente del lenguaje que utilizo cuando me siento a conversar con un amigo que estimo y respeto. Si usted quiere realmente revelar mi realidad interior a través de mis escritos, ¿por qué no se refiere a la juventud en el campo y a la verdadera melodía de su flauta, en vez de al hombre loco y sus horribles imprecaciones? Verá que el hombre loco no es más que un anillo de una larga cadena hecha de metal. No niego que el hombre loco sea un eslabón de áspero hierro bruto y no pulido, pero eso no quiere decir que toda la cadena sea así, bruta. Porque para cada alma hay una estación, Mayy. El invierno del alma no es como su primavera, y su verano no es como el otoño».

Quizá el poeta no quería ser juzgado por la mujer que admiraba de una manera parcial y a través de una sola obra en la que, ciertamente, el lector actual no advierte tantas imprecaciones como su autor pretende haber lanzado. De cualquier forma, lo que sí me interesa resaltar es que tanto en *El loco,* como en *Lágrimas y sonrisas,* a la que Gibrán se refiere en la misma carta como obra cuyo contenido no fue seleccionado por él, sino por su amigo Nacib Arida de entre textos publicados dieciséis años antes de la aparición del libro en la revista *Almuhager*, se pueden rastrear los dos factores fundamentales de la importancia literaria de Gibrán, los dos elementos merced a los cuales es grande el panorama de la literatura árabe moderna, aparte naturalmente de sus grandes valores estéticos y la profundidad de sus sentimientos.

En literatura árabe del siglo XX, Gibrán destaca por dos razones. En primer lugar, porque toma el folcklore árabe y lo hace completamente accesible a la mentalidad occidental. Como más adelante el japonés Zuzuki, también residente en los Estados Unidos, respecto a la filosofía Zen, por causa de su doble educación oriental y occidental, constituye uno de los pocos auténticos y fiables puentes culturales entre Oriente y Occiente. Cuando Gibrán escribe con intención de dar a conocer elementos culturales árabes, como conoce también la mentalidad occidental, pone en marcha unos mecanismos, que sin dejar de hacerlos accesibles a los lectores árabes, los ofrece en claves perfectamente asumibles por los europeos y americanos.

En segundo lugar, la importancia de la literatura del escritor libanés radica en lo que podríamos llamar la humanización de su misticismo. El es fundamentalmente un místico, pero en su caso podría hablarse de un misticismo natural, no religioso, o no enteramente deísta, más que teísta. En cierto modo, se aparta de la tradición de esa mística que, partiendo de Oriente, se cristianiza a través de, por ejemplo, Santa Teresa de Jesús y San Juan de la Cruz, por hablar sólo de españoles. El es, diríamos, consustancialmente místico, y cuando expresa su misticismo en obras como éstas que ofrecemos en este volumen, especialmente en *El loco,* no se erige en intérprete de ninguna ideología religiosa determinada, sino del puro misticismo como concepción, o mejor, como visión del mundo.

Gibrán contempla las cosas y, en consencuencia, las expresa en clave mística. Ello, naturalmente, le exige un lenguaje «especial», y de ello resulta lo que podríamos considerar un tercer factor de su importancia literaria: su lenguaje. El mismo habla en alguna ocasión de la imposibilidad de expresar sus pensamientos. Para lo que él quiere decir, no hay palabras en los idiomas del mundo. Los pensamientos, entonces —decía él—, se le quedaban clavados como piedras en la garganta. La imperiosa necesidad que como artista tiene de comunicarlos, le llevan a crear un sistema metafórico que es sólo suyo y en el que radica, como decíamos, la grandeza de su arte. Gibrán, en árabe, escribe un árabe «distinto». E igualmente en inglés escribe un inglés distinto, situado al margen de todo sabor epocal. El conoce perfectamente el modernismo, con el que convive, pero no se deja en absoluto contagiar por sus florituras idiomáticas. Su lenguaje es suyo y nada más que suyo, y en él cada palabra constituye una metáfora.

M. Asensio Moreno

CRONOLOGIA DE GIBRAN JALIL GIBRAN

1883 Nacimiento de Gibrán Jalil Gibrán el 6 de diciembre, en Becharre, población del norte del Líbano.

1894 Emigración de la familia a Boston (Estados Unidos). Su hermanastro Pedro, sus hermanas Sultana y Mariana, su madre y Gibrán se dirigen por Trípoli y Beirut a Estados Unidos, dejando al padre en el pueblo natal.

1896-1900 Regreso de Gibrán a Beirut para estudiar en la Escuela de la Sabiduría. Se aficiona al dibujo y a la escritura. Primer borrador en árabe de *El Profeta.*

1901-1903 Pasa por Grecia, Italia y España camino de París, donde residirá dos años estudiando pintura. Escribe *Espíritus rebeldes,* que será quemado públicamente nada más editarse. Su autor fue excomulgado por la Iglesia católica maronita, a la que pertenecía la familía de Gibrán.

1903-1908 Regreso a Boston: han muerto su hermano, una hermana y su madre, atacados de tuberculosis. Sólo sobrevive su hermana Mariana, a cuyo lado pasará la mayor parte de su vida. Se dedica a la pintura, exponiendo sus obras con cierto éxito. Conoce a Miss Mary Haskell, que actuará en la vida de Gibrán como protectora y consejera.

1908-1910 Viaje a París para seguir sus estudios pictóricos. Exposiciones.

1910-1917 Regresa a Boston pero al poco tiempo traslada de forma definitiva su residencia a Nueva York, donde expone en repetidas ocasiones.

1917- 1922 Período de gran dedicación a la escritura: nuevo borrador, todavía en árabe, de *El Profeta*. En esa misma lengua escribirá *Alas rotas*, *Las tempestades*, *Lágrimas y sonrisas*, *Ninfas del Valle*, *Las procesiones*. En 1918 aparece en inglés *El loco;* al año siguiente sus *Veinte dibujos*, y en 1920 *El precursor*.

1922- 1929 Su vida se limita a la edición de libros y a la preparación de exposiciones. Aparece en 1923 la versión definitiva de *El Profeta*, en inglés, seguida poco después de su traducción en árabe, con un prólogo original para esa edición. *Arena y espuma* (1926) y *Jesús, el Hijo del Hombre* (1928) son los libros más importantes del período.

1931 El 10 de abril, en Nueva York, muere Gibrán Jalil Gibrán. Sus restos son trasladados al Líbano y enterrados en el convento de Mar Sarquís. Aparecen, cuidados por su biógrafa Bárbara Young, libros póstumos como *Los dioses de la Tierra*, *El vagabundo* y *El Jardín del Profeta*.

EL LOCO

Todos me preguntan cómo enloquecí. Fue así. Hace muchísimo tiempo, mucho antes de que nacieran nuestros dioses, desperté de un profundo y largo sueño y noté que todas mis máscaras habían sido robadas. Sí, las siete máscaras que yo me había hecho y usado en mis siete vidas. Y sin máscara corrí por las calles llenas de gente clamando: «Ladrones. ¡Malditos ladrones!»

Muchos hombres y mujeres se rieron de mí y otros se encerraron en sus casas atemorizados.

Y, cuando entré en la plaza del mercado, un joven desde la azotea de su casa me señaló gritando. ¡Es un loco! Levanté los ojos para mirarlo y fue entonces cuando el sol iluminó por vez primera mi rostro desnudo, y mi alma se llenó de gozo y de amor al sol, y no quise volver a ponerme una máscara. Y enajenado grité: ¡Benditos! ¡Benditos sean los ladrones que robaron mis máscaras!

Y entonces me sentí libre y seguro en mi locura; la libertad de la soledad y la seguridad de nunca ser comprendido, pues quienes nos comprenden nos convierten en esclavos.

Pero impedid que me envanezca demasiado de mi seguridad, pues ni el ladrón que está preso está a salvo de otro ladrón.

DIOS

En la más lejana antigüedad, cuando por primera vez el primer latido del habla afloró a mis labios, escalé la montaña y hable así a Dios: «Señor, he aquí tu esclavo. Tu secreto deseo es mi ley, y la obedeceré para siempre.»

Pero Dios nada dijo y siguió su curso, cual una furiosa tempestad.

Mil años más tarde otra vez ascendí a la montaña sagrada, y volví a hablar a Dios, diciéndole: «Mi creador, soy tu criatura. Me formaste del barro y cuanto soy te lo debo.»

Y otra vez Dios no contestó; pasó raudo como un pájaro con mil alas veloces.

Mil años después subí de nuevo a la montaña sagrada, y otra vez le hablé a Dios, diciéndole: «Padre, soy tu hijo. Con amor y piedad me otorgaste la vida, y con amor y devoción heredaré tu reino.»

Pero Dios no contestó y pasó ligero como una niebla que vela las montañas.

Mil años después ascendí otra vez la montaña sagrada y volví a hablar a Dios así: «Mi Dios, eres mi más excelso anhelo y mi totalidad, yo soy tu pasado y tú eres mi futuro. Soy tu raíz aquí en la tierra y tú eres mi flor en el cielo: unidos creceremos ante la faz del sol.»

Entonces Dios, inclinándose hacía mí, musitó en mis oídos dulces palabras, y tal como el mar que abraza al río que a él se entrega, así Dios me acogió.

Y cuando descendí a los valles y a las llanuras, vi que también estaba Dios allí.

AMIGO MIO

Amigo mío, no soy lo que ves de mí. Lo que ves es nada más que el vestido que me cubre, primorosamente tejido, y me preserva de tus preguntas y a ti de mi indiferencia.

El «yo» que existe en mí, amigo mío, habita en la casa del silencio, y estará siempre allí, inadvertido e inalcanzable.

No desearía que creyeras lo que te digo, ni que fiaras de lo que hago, pues mis palabras no son más que tus propios pensamientos hechos sonidos, y mis obras son tus propias esperanzas concretadas en actos.

Así, cuando dices: «El viento sopla del este», añado: «Sí, siempre viene del este»; pero entonces quiero ocultarte que mi mente no habita en el viento, sino en el mar.

Tú no puedes comprender mis pensamientos hijos de la mar, ni deseo que los entiendas. Prefiero seguir solo en el mar.

Amigo mío, cuando para ti reina el día, es de noche para mí, pero yo no ceso de mencionarte la luz diurna que baña las cumbres, ni la bruma rojiza que se extiende por los valles; pues tú no puedes oír los cantos de mis tinieblas, ni puedes ver mis alas batirse contra las estrellas; y no deseo que oigas ni veas lo que yace en mí. Deseo estar siempre solitario en las tinieblas.

Pero cuando tú asciendes a tu cielo, yo desciendo a mi infierno. Y entonces clamas por mí a través del abismo inaccesible que nos separa. «¡Amigo! !Camarada!», y yo te respondo: «¡Amigo! ¡Camarada!, pues no deseo que descubras mi infierno. Te deslumbrarían las llamas, y te asfixiaría el humo. Amo plenamente mi infierno, tanto como para no tolerar que lo visites. Quiero estar siempre en mi infierno.

Tú amas lo Bello, lo Bueno y lo Justo, y yo, por agradarte, digo que coincido en esto contigo, y que está bien amar estos valores. Pero en lo más profundo de mi corazón me burlo de tu amor por ellos. No obstante, no te demuestro mi risa, y prefiero reír solo.

Amigo mío, eres bondadoso, prudente y con buen sentido, e inclusive eres perfecto. Y yo, por mi parte, cuando hablo contigo, lo hago con sensatez y prudencia, pero... estoy loco. Aunque escondo tras una máscara mi locura. Elijo ser loco a solas.

Amigo mío, no somos amigos. Pero, ¿qué puedo hacer para que lo entiendas? Nuestros caminos son distintos, pese a ello los recorremos juntos y cogidos de la mano.

EL ESPANTAPAJAROS

Un día cualquiera le dije a un espantapájaros: «Estarás harto de estar clavado en este campo solitario.»

Y me contestó: «La satisfacción de espantar es honda y permanente, nunca me cansa.»

Reflexioné un instante y le dije: «Así es, también yo conozco ese placer.»

Y él replicó: «Es un placer que sólo lo perciben los que están rellenos de paja.»

Después me separé del espantapájaros prosiguiendo mi camino en la duda de si su respuesta era un elogio o un sarcasmo.

Transcurrió un año, durante el cual el espantapájaros se transformó en un filósofo.

Un día que volví a verlo, había dos cuervos que habían hecho su nido bajo su sombrero.

LAS DOS SONAMBULAS

Es mi ciudad había dos mujeres, madre e hija, que eran sonámbulas.

Una noche, en que todo estaba envuelto en silencio, la madre y la hija empezaron a andar sonámbulas y salieron al jardín, que estaba cubierto por un velo de niebla.

Y la madre habló así: «Ahora, por fin, puedo decirte enemiga mía. Tú que destruiste mi juventud, y que sobre sus ruinas has querido alzar la tuya. Desearía matarte.»

Y así dijo la hija: «Mujer aborrecible, caduca y egoísta, que se interpone siempre entre mi libertad y lo que deseo, y pretendes marchitar mi vida haciéndola igual a la tuya. Cuánto desearía verte muerta.»

En ese instante se oyó el canto de un gallo y ambas se despertaron.

Y la madre preguntó cariñosamente a su hija: «¿Eres tú, cariño?»

Y de la misma forma le contestó la hija: «Sí, soy yo, querida madre.»

EL PERRO SABIO

Un día indeterminado, pasó un perro sabio delante de un grupo de gatos.

Y, reparando en que los gatos hablaban entre ellos, sin notar su presencia, se paró para oír la conversación.

En ese instante, uno de los gatos, de aspecto grave, se levantó y les dijo así a sus camaradas: «Rezad, hermanos míos, pues después de haber rezado mucho, no dudo que lloverán ratones del cielo.»

Al oír esto, el perro rió para sí y, continuando su camino, dijo: «Son gatos sin juicio e insensatos. ¿Acaso no está escrito desde siempre, lo que ya sabían mis antepasados, que cuando rezamos no caen ratones del cielo, sino que llueven huesos?»

LOS DOS ERMITAÑOS

En remota y solitaria montaña vivían dos ermitaños que rezaban a Dios y se amaban mutuamente. Su única propiedad consistía en un plato de barro.

Un día, cierto espíritu maligno se aposentó en el corazón del ermitaño más viejo, quien fue a ver al más joven y le dijo: «Hace ya muchos años que vivimos juntos, pero ahora debemos separarnos. Por consiguiente, debemos repartir nuestros bienes.»

Y el más joven le contestó con tristeza: «Mucho me apena oírte decir que me dejas. Pero, puesto que lo has decidido, así lo acepto.» Y trajo el plato de barro y se lo dio, diciéndole: «Creo, hermano, que no podemos partirlo, así que tuyo es.»

Pero el más viejo replicó: «No acepto tu generosidad. Sólo me quedaré con lo que es mío.» Es, pues, preciso que dividamos el plato.»

Y le contestó el más joven: «Si lo dividimos no nos servirá a ninguno de los dos. Por consiguiente, si estás conforme, lo echaremos a suertes.»

Pero el ermitaño viejo persistió en su intento: «No tomaré más que lo que sea mío, no quiero confiar a la suerte, quiero lo que es justo y me corresponde. Debemos dividir el plato.»

El ermitaño más joven no pudo ya argumentar y contestó: «Sea así, ya que es tu deseo, rompamos, pues, el plato y lo repartiremos.»

Y entonces el rostro del más viejo se mudó en un gesto de odio y vociferó: «¡Eres un ruin, cobarde y sin valor para luchar por lo tuyo!»

DAR Y TOMAR

Había una vez un hombre que poseía un amplio valle repleto de agujas. Y un día se presentó ante él la madre de Jesús y le dijo: «Amigo, la túnica de mi hijo está rota y debo coserla antes de que vaya al templo. ¿Podrás darme una aguja?»

Pero él, en lugar de darle la aguja, pronunció un largo y tedioso discurso repleto de sutilezas sobre el Dar y el Tomar, para que se lo dijera a su Hijo antes de que fuera al templo.

LOS SIETE EGOS

En la hora avanzada de la noche, cuando ya estaba casi dormido, mis siete Egos se sentaron a mi alrededor y empezaron a hablar en voz baja lo que sigue.

Primer Ego: «He vivido en este loco todos estos años y no he hecho sino renacer su dolor cada día, y despetar cada noche su tristeza. No puedo ya soportar más mi destino, y ahora me revelo.»

Segundo Ego: «Mi destino, hermano, ha sido peor que el tuyo, pues me cayó en suerte ser el Ego alegre de este loco, debo reír cuando está contento y canto sus horas de alegría, y con los pies de las alas danzo sus pensamientos dichosos. Por consiguiente, soy yo el que tengo derecho a rebelarme contra tan trabajosa existencia en este loco.»

Tercer Ego: «¿Qué debo decir yo, el Ego del amor, siempre arrebatado por furiosas pasiones y fantásticos deseos? Es el Ego doliente del amor el que debe revelarse contra este loco.»

Cuarto Ego: «Pero yo soy el más desdichado de todos, pues sólo me poseen el odio y los deseos de destrucción. Soy el Ego de la violencia, el único nacido en las oscuras cuevas del infierno, y por ello tengo el derecho a rebelarme por servir a este loco.»

Quinto Ego: «No sólo yo, el Ego pensante, el Ego de la fantasía, el que sufre hambre y sed, el único castigado a vagar sin tregua, en pos de lo desconocido y de lo increado, yo soy, y no vosotros, el único con derecho a rebelarse.»

Sexto Ego: «Y a mí dónde me dejáis, el Ego condenado a trabajar sin tregua, el agobiado trabajador, que con manos hábiles y mirada atenta, modela los días en imágenes, dando a los elementos informes nuevas y perennes formas. Yo soy el solitario al que más le asiste el derecho de rebelarse contra este loco.»

Séptimo Ego: «Bien extraño es que todos os rebeléis contra el destino establecido que debe cumplirse inexorablemente. «Cuánto hubiese deseado ser como cualquiera de vosotros, un ego con un fin definido y preestablecido. Pero no es así, no tengo nada establecido, soy el Ego sin tarea; el que está esperando en el vacío y mudo espacio, que no es espacio, y el tiempo que tampoco es tiempo, en cambio vosotros os deleitáis actuando sobre la vida. Así, pues, amigos, ¿quién tiene más razones para la rebelión, vosotros o yo?

Una vez que el Séptimo Ego concluyó de hablar, los otros seis le miraron entristecidos, sin decir palabra; y cuando el oscuro manto de la noche se derramó sobre la tierra, cada uno se fue a dormir imbuido de una nueva y feliz resignación.

Pero el Séptimo Ego continuó despierto, pendiente de la Nada que rige más allá de todas las cosas.

LA GUERRA

Una noche se celebró una fiesta en palacio y durante la misma apareció un viejo que se arrodilló ante el príncipe. Los invitados, sorprendidos, miraron al viejo que tenía un ojo arrancado, con la cuenca vacía sangrando.

El príncipe, impresionado, le preguntó: «¿Qué te ha sucedido?»

Y el hombre le contestó. «Buen príncipe. Soy ladrón de oficio, y, como la noche era oscura, resolví robar en la tienda del cambista; pero al entrar por la ventana me equivoqué y fui a dar en el taller del tejedor, en la oscuridad tropecé con el telar y perdí así el ojo. Por lo cual, buen príncipe, te ruego me hagas justicia contra el tejedor.

El tejedor, que se encontraba allí, habló así: «¡Buen príncipe, tu sentencia será justa y no me quejaré de que me saquen un ojo. Aunque, ¡pobre de mí!, mis ojos me son necesarios para ver los hilos del tejido. Pero hay un vecino que es zapatero remendón, sus ojos son muy buenos, y en su trabajo no tiene que usarlos tanto.»

El príncipe mandó que se presentase el zapatero, y cuando llegó le arrancaron un ojo.

Y he aquí cómo se hizo justicia.

LA ZORRA

Cuando salía el sol, la zorra miró su sombra y se dijo: «Necesito un camello para la hora de la comida.» Y buscó un camello durante toda la mañana. Llegado el mediodía, tornó a mirar su sombra, y pensó: «Me parece que me conformaría con un ratón.»

EL REY SABIO

Hace tiempo, en la remota ciudad de Wirani, había un rey sabio y poderoso que regía a sus súbditos. Era temido por su poder y querido por su sabiduría.

La ciudad tenía en la plaza principal un pozo de agua fresca y pura, de la cual bebían todos sus habitantes, incluyendo el rey y los cortesanos, ya que era el único pozo que tenían.

Una noche, mientras la ciudad dormía en paz, apareció una bruja y hechó en el pozo siete gotas de una extraña pócima, y dijo: «A partir de ahora cualquiera que beba de esta agua se volverá loco.»

Cuando llegó la mañana, todos los súbditos del rey, a excepción de éste y sus cortesanos, enloquecieron, tal como dijo la bruja.

Y durante ese día, lo mismo en las callejuelas que en los mercados y plazas, las gentes no paraban de hablar: «El rey está loco, el Gran Chambelán y él han perdido la razón. No debemos consentir que nos gobierne un rey loco. Debemos destronarlo.»

Esa noche, el rey ordenó que llenasen una gran copa de oro con agua del pozo, y cuando se la llevaron bebió una parte y dio el resto a su gran Chambelán para que lo bebiera.

Y al siguiente día, en la remota ciudad de Wirani, hubo gran recogijo en las gentes, pues el rey y el gran Chambelán había recuperado la razón.

AMBICION

En cierta ocasión tres hombres se sentaron en torno a la mesa de una taberna. Y los tres tenían oficios distintos: tejedor, carpintero y sepulturero.

Y dijo el tejedor: «Acabo de vender una fina mortaja de lino por dos monedas de oro. Por consiguiente, os invito a beber todo lo que queráis.»

Y yo, dijo el carpintero, «he vendido el ataúd más lujoso. Bebamos vino en abundancia acompañado de un buen asado.»

«Yo abrí sólo una tumba, agregó el sepulturero, pero me pagaron el doble por mi trabajo. Así es que os invitaré con unos pasteles de miel.»

Y esa noche hubo mucha alegría en la taberna, pues los tres amigos pedían continuamente vino, asado y pasteles de miel.

También el dueño de la taberna se sentía dichoso y sonreía a su mujer, pues los huéspedes le dejarían una buena ganancia.

Cuando se marcharon, al filo de la madrugada, recorrieron las calles cantando alegremente y alborotando a todo el vecindario.

El tabernero y su mujer los despidieron en la puerta, cansados pero contentos con la ganancia.

Y la mujer dijo al marido; «Qué caballeros tan alegres y generosos. Ojalá la suerte nos traiga clientes iguales a diario, así nuestro hijo no tendrá necesidad de ser tabernero ni trabajar tanto; podríamos educarlo para que fuera sacerdote.»

UN NUEVO PLACER

Aquella noche inventé un nuevo placer, y cuando me preparaba para experimentarlo por vez primera, un ángel y un diablo llegaron apresurados a mi casa. Los dos se encontraron ante mi puerta y comenzaron a discutir sobre el recién creado placer: «¡Es pecado, vociferaba uno.» Y el otro en el mismo tono decía: «¡Es una virtud!»

EL OTRO IDIOMA

Tres días después de mi nacimiento, mientras estaba en mi cuna forrada en seda, mirando asombrado a mi alrededor, mi madre le preguntó a la nodriza: «¿Cómo está mi hijo?»

La nodriza le replicó: «Está bien señora; le he dado el pecho tres veces, y nunca he visto tan contento a un recién nacido.»

La respuesta me indignó, y entre lágrimas dije: «Eso es mentira, madre. Esta cuna es incómoda, la leche que he mamado es amarga y el olor del pecho me resulta repugnante, y además me siento muy desgraciado.»

Pero ni mi madre ni la nodriza entendieron lo que dije porque el idioma en que hablé era el del mundo del que venía.

Veintiún días después de mi nacimiento me bautizaron, y durante la ceremonia el sacerdote le dijo a mi madre: «Estará muy contenta, señora, de que su hijo haya sido cristianizado.»

Y me asombraron las palabras que dijo el sacerdote, y le dije: «Si es así, tu madre debe sentirse muy desgraciada, pues tampoco tú naciste cristiano.»

Pero tampoco el sacerdote entendió mi idioma.

Y después de siete lunas, un profeta, después de mirarme, le dijo a mi madre: «¡Tu hijo será un estadista y un gran político que arrastrará multitudes!»

Y yo le respondí indignado: «¡Mentira! Es una profecía falsa, yo no quiero ser más que músico.»

Pero tampoco esta vez, con gran asombro mío, fue comprendido mi idioma.

Transcurrieron treinta y tres años, durante los cuales mi madre, la nodriza y el sacerdote (que Dios tenga en paz eterna sus almas) murieron, pero el profeta todavía vive. Ayer lo encontré a las puertas del templo, y me dijo: «Supe siempre que serías músico, un gran músico. Lo dije cuando eras pequeño, recién nacido, ya predije tu futuro.»

Y yo le creí, pero también ahora yo he olvidado el lenguaje del otro mundo.

LA GRANADA

Una vez, cuando vivía en el interior de una granada, oí que decía una semilla: «Un día me convertiré en árbol y el viento cantará entre mis ramas, y el sol brillará en mis hojas, y seré fuerte y hermosa en todas las estaciones.»

Luego otra semilla dijo: «Yo también pensaba así cuando tenía tu misma edad, pero ahora que tengo mejor juicio sé que mis esperanzas no eran reales.»

Y habló una tercera semilla: «Nada tenemos que pueda augurar un futuro brillante.»

Y la cuarta semilla agregó: «¡Pero nuestra vida sería absurda, sin un futuro mejor!»

Y la quinta semilla dijo: «¿Por qué discutir lo que seremos, si ni sabemos qué somos?»

Y la sexta semilla le contestó: «Lo que seamos, seguiremos siendolo para siempre.»

Y la séptima agregó: «De lo que seremos en el futuro tengo una idea muy clara, si bien no puedo expresarla con palabras.»

Después hablaron la octava, la novena, la décima y otras muchas semillas, hasta que la conversación se generalizó, y no se podía entender lo que decían entre todas.

Por ello es por lo que inmediatamente decidí dejar aquella morada y marcharme a vivir dentro de un membrillo, que tiene pocas semillas y que además son mudas.

LAS DOS JAULAS

Mi padre tiene dos jaulas en su jardín. En una está encerrado un león, que los cazadores de mi padre apresaron en el desierto de Niranah; en la otra hay un gorrión que no canta.

Todos los días, al despuntar el sol, el gorrión le dice al león:

«Buen día te deseo, hermano prisionero.»

TRES HORMIGAS

Cierta vez se encontraron tres hormigas en la nariz de un hombre que echado en el suelo dormía bajo el sol. Se saludaron entre sí de acuerdo a las costumbres de su tribu, y luego empezaron a hablar.

La primera hormiga dijo así: «Estas montañas y estas llanuras son las más áridas que conozco. Durante todo el día he buscado grano y no he encontrado nada.»

Y dijo la segunda hormiga: «Tampoco yo lo he encontrado, pese a que he revisado todos los rincones. Creo que ésta es la tierra que mi tribu llama de las arenas movedizas y donde no crece nada.»

Después dijo la tercera hormiga, levantando su cabeza:

«Nos encontramos sobre la nariz de la Hormiga Suprema, la poderosa y enorme hormiga, cuyo cuerpo es inmenso y no podemos abarcarlo a simple vista, y cuya sombra es tan inmensa que no podemos dibujarla, y cuya voz es tan potente que no podemos oírla. Y además es omnipresente en todas partes.»

Y cuando la oyeron las otras dos hormigas se miraron entre sí riendo.

Y en ese instante, el hombre se movió en sueños y levantó la mano para rascarse la nariz, y las tres hormigas fueron aplastadas.

EL SEPULTURERO

Una vez, estando enterrando a uno de mis egos, se aproximó el sepulturero y me dijo: «Tú eres el más simpático de todos los que vienen aquí a enterrar a sus egos muertos.»

Y yo le repliqué: «Me alegra mucho oír tus palabras, pero te ruego que me digas: ¿Por qué te resulto tan simpático?»

Y él me dijo: «Porque los demás llegan llorando y también se marchan llorando, y sólo tú llegas y te vas riendo.»

EN LAS ESCALERAS DEL TEMPLO

Ayer por la tarde, sobre las escaleras de mármol del templo, vi a una mujer que estaba sentada entre dos hombres. Una de las mejillas de la mujer estaba pálida y la otra sonrojada.

LA CIUDAD SANTA

Cuando yo era muy joven me dijeron que existía una ciudad santa y que sus habitantes vivían conforme a las Sagradas Escrituras.

Y me dije: «Tengo que encontrar esa ciudad y vivir su santidad.» Y como aquella ciudad era muy lejana de mi país, reuní provisiones para un largo viaje y partí. Después de cuarenta días de viaje, la divisé en la lejanía, y al día siguiente entré por fin en la ciudad.

Pero cuál no sería mi sorpresa al ver que todos sus habitantes tenían un solo ojo y una sola mano. Extrañado, pensé: «¿A qué se debe que los habitantes de esta ciudad santa tengan un solo ojo y una sola mano?»

Después comprobé que ellos también se sorprendían al verme con mis dos ojos y mis dos manos. Y mientras hablaban entre ellos comentando mi aspecto, les pregunté: «¿Es verdaderamente ésta la Ciudad Santa, en donde todos viven de acuerdo a las Sagradas Escrituras?» Y me respondieron: «Sí, es ésta.»

Y yo les pregunté: «¿Qué terrible desgracia os ha ocurrido para que os falten vuestro ojo y vuestra mano derecha?»

Y las gentes se asombraron ante mi ignorancia, y me contestaron: «Ven con nosotros y verás.» Me condujeron hasta el templo, que estaba en medio de la ciudad, y allí vi a gran cantidad de manos y ojos ya secos. Espantado, exclamé: «¡Dios mío! Qué terrible conquistador ha sido tan cruel con vosotros.»

Y entre ellos se levantó un gran clamor. Uno de los más viejos se dirigió a mí y me dijo: «Lo hicimos nosotros mismos. Dios nos trocó en conquistadores del mal que habitaba en nosotros.»

Y me condujo al altar principal seguido por los demás. Una vez allí me indicó una inscripción grabada sobre el mismo que decía: «Si tu ojo derecho peca, arráncatelo y tíralo lejos. Porque mejor es para ti perder uno de tus miembros que todo tu cuerpo sea arrojado al infierno. Y si tu mano derecha peca, córtala y arrójala lejos. Porque es mejor para ti perder uno de tus miembros a que todo tu cuerpo sea arrojado al infierno.»

Entonces entendí. Y me dirigí hacia aquellas gentes congregadas y les dije: «¿Es que no hay aquí ningún hombre ni mujer que tengan dos ojos y dos manos?»

Y todos me contestaron así: «No, ninguno, a excepción de aquellos todavía muy jóvenes para leer las Escrituras y entender su mandamiento.»

Y salí del templo, abandonando seguidamente aquella ciudad Santa, pues yo ya no era muy joven y sí sabía leer las Sagradas Escrituras.

EL DIOS DEL BIEN Y EL DIOS DEL MAL

Un día el Dios del Bien y el Dios del Mal se encontraron en la cima de una montaña.

Y el Dios del Bien le saludó: «Buenos días, hermano.»

Pero el Dios del Mal no le contestó.

El Dios del Bien le dijo: «Parece que estás hoy malhumorado.»

Y el Dios del Mal le contestó: «Así es, pues hace tiempo que muchos me confunden contigo e inclusive se dirijen a mí con tu nombre, e inclusive se comportan conmigo como si yo fuera tú, y ello no me gusta.»

Y replicó el Dios del Bien: «También a mí me han tomado por ti, e inclusive me han llamado por tu nombre.»

Y al oír estas palabras, el Dios del Mal siguió su camino abominando de la estupidez humana.

DERROTA

Derrota. Mi derrota, eres mi soledad y mi distancia.
Eres para mí más preciada que mil triunfos.
Y para mi corazón más dulce que toda la gloria mundana.
Derrota, mi derrota, eres mi conocimiento y mi desafío.
Merced a ti me siento más joven y de pies alados.
Gracias a ti no me envanecen vanos laureles.
En ti hallo la dicha de permanecer solo.
Y la alegría de ser despreciado e ignorado.
Derrota, mi derrota, mi refulgente espada y mi escudo.
He leído en tus ojos.
Que ser entronizado es estar esclavizado.
Que ser comprendido es ser rebajado.
Que ser retenido es lograr la madurez.
Y, como el fruto maduro, caer y ser comido.
Derrota. Mi derrota, valiente compañera.
Podrás oír mis canciones, mis clamores, mis silencios.
Sólo de ti oiré el batir de las alas.
De la fuerza de los mares.
De montañas con fuegos en sus cumbres.

Tú solo ascenderás a las rocas de mi alma.
Derrota, Mi derrota, eres fuerza inextinguible.
Ambos reímos juntos en medio de la tempestad.
Juntos abriremos tumbas para todos aquellos que en nosotros muera.
Y cara a cara miraremos al sol con voluntad indomable.
Y nos temerán los otros.

LA NOCHE Y EL LOCO

Me asemejo a ti, ¡oh, Noche! Sombrío y desnudo ando por caminos de fuego que se ciernen sobre mis sueños diurnos, y donde mis pies hollan la tierra brotan encinas.

Pero no eres como yo, ¡oh, Loco!, porque aún dasvuelta a la cabeza para medir la huella de tus pasos en la tierra.

Me asemejo a ti, ¡oh, Noche!, silente y hondo, y en el centro de mi soledad hay una diosa que da a luz un hijo con el que el cielo ha de rozar el infierno.

No. No te asemejas a mí, ¡oh, Loco!, pues tiemblas ante el dolor, y el canto de los abismos te llenan de espanto.

Yo soy semejante a ti, ¡oh, Noche!, despiadado y bárbaro, pues a mis oídos llegan clamores de naciones sojuzgadas y lamentos de tierras ignotas.

No, somos distintos, ¡oh, Loco!, pues aún eres amigo de tu pequeño ego, y, sin embargo, no puedes ser amigo de tu terrible ego.

A ti me asemejo, ¡oh, Noche!, terrible y bárbara, pues mi pecho está encendido por navíos que se queman en el mar, y mis labios mojados de la sangre de decapitados guerreros.

No, no te asemejas a mí, ¡oh, Loco!, porque todavía anhelas encontrar un alma semejante, y no has tenido el valor de ser solo tú mismo.

Me asemejo a ti, ¡oh, Noche!, férvido y gozoso, pues quien habita en mi sombra está embriagado de vino joven, y quien me acompaña peca de gozo.

Pero no, no eres a mi semejanza, ¡oh, Loco!, porque tu alma está agobiada con un manto de siete pliegues y no tienes el corazón abierto.

Soy igual a ti, ¡oh, Noche!, sereno y embriagado, pues en mi pecho yacen mil amantes en sudarios de marchitos besos.

¿Puedes, en verdad, ser como yo?, ¡oh, Loco! ¿Te asemejas a mí? ¿Puedes cabalgar un huracán como un potro salvaje, y asir el rayo como si de una espada se tratara?

Sí, como tú soy, ¡oh, Noche!, como tú soy alto y fuerte, y mi trono se asienta sobre cordilleras de dioses vencidos, y también desfilan ante mí los días para besar el ruedo de mi vestido, sin osar mirar mi rostro.

¿Es que eres como yo, vástago de mi más sombrío corazón? ¿Es verdad que en tu frente moran mis salvajes pensamientos y que puedes expresarlos con mi infinito lenguaje.

Sí, somos hermanos gemelos, ¡oh, Noche!, pues develas el espacio mientras yo develo mi alma.

ROSTROS

He conocido un rostro de mil apariencias y otro de una sola apariencia, tal como si hubiese sido vaciado en un molde eterno.

He visto un rostro que no disimulaba su profunda fealdad, y otro que resplandecía ocultando una maravillosa belleza.

Conozco un viejo rostro arrugado sin arrugas, y otro terso, pero en el cual todos los avatares habían impreso sus huellas.

He visto todos los rostros, pero veo a través de la urdimbre que mis ojos van tejiendo, y contemplo la realidad que se oculta tras la urdimbre.

EL VASTO MAR

El alma y yo fuimos a bañarnos al vasto mar. Y cuando estábamos en la playa empezamos a buscar un sitio recóndito y silencioso.

Y, buscando en la playa, dimos con un hombre sentado sobre una enorme roca gris que tenía un saco, al lado del cual sacaba puñados de sal que arrojaba al mar.

Y mi alma exclamó al verlo: «He aquí un pesimista. Vayamos a otra parte, pues aquí no debemos bañarnos, pues él no debe ver nuestra desnudez.»

Proseguimos nuestro camino hasta encontrar una cala; allí, sobre una roca, había un hombre con un hermoso joyero del cual sacaba puñados de azúcar que arrojaba al agua.

Y mi alma dijo: «Es un optimista, y tampoco debe ver nuestros cuerpos desnudos.»

Siguiendo nuestro camino, encontramos un hombre en la playa que recogía peces muertos y los arrojaba con cariño al mar.

«Tampoco debemos bañarnos ante este hombre, dijo mi alma, pues es un filántropo de tierno corazón.»

Y continuamos andando.

Y llegamos a un paraje donde vimos a un hombre dibujando el contorno de su sombra sobre la arena, y las recias olas que la cubrían borraban el trazado, pero él, sin desalentarse, lo rehacía sin interrupción.

Y mi alma me advirtió: «Es un místico, separémonos de él.»

Y seguimos andando hasta llegar a una cala solitaria, donde había un hombre recogiendo espuma de mar que vertía en un vaso de alabastro.

Y mi alma me dijo: «Es un idealista, y no debe contemplar nuestra desnudez.»

Y seguimos nuestro camino. Y, repentinamente, oímos una voz que gritaba: «¡Aquí está el mar! ¡Este es el profundo mar! ¡Este es el inmenso y poderoso mar!» Y al llegar vimos un hombre que, dando la espalda al mar, y con un caracol en su oído, oía el murmullo marino.

Y mi alma me ordenó: «Sigamos nuestro camino. Este hombre es un realista, el que da la espalda a todo lo que no alcanza a abarcar con su mente, conformándose con sólo una parte del todo.»

Y proseguimos nuestro camino. Y vimos a un hombre agazapado entre unas matas en las rocas, con su cabeza enterrada en la arena. «He aquí donde podemos bañarnos, pues este hombre no puede vernos.»

Y me replicó mi alma: «No, éste es más peligroso que los otros. Es un puritano.»

Después, un velo de tristeza cubrió el rostro de mi alma, y su voz resonó grave: «Debemos marcharnos de aquí, puesto que no hay ningún lugar recóndito y solitario donde podamos bañarnos. No quiero que esta brisa revuelva mi cabellera dorada, ni quiero desnudar mi seno en estos lugares, ni que esta luz descubra mi sagrada desnudez.»

Y dejamos después aquel mar, para ir hacia Inmenso Océano.

EL CRUCIFICADO

Y clamé a los hombres: «¡Quiero ser crucificado!»

Y los hombres me contestaron: «¿Por qué tu sangre debe pesar sobre nuestras cabezas?»

Y yo les repliqué: «¿De qué otra forma podéis ser redimidos sino es crucificando a los locos?»

Entonces aceptaron y fue crucificado. Y la crucifixión me serenó.

Y, cuando yo estaba colgado entre cielo y tierra, levantaron las cabezas para mirarme. Y se sintieron importantes, porque era la primera vez que levantaban las cabezas.

Y mientras me miraban, uno exclamó: «¿Qué intentas expiar?»

Y un segundo gritó: «¿Por qué causas estás crucificado?»

Y un tercero agregó: «¿Piensas que a ese precio te será dada la gloria mundana?»

Y después gritó un cuarto hombre: «¡Lo veis cómo sonríe! ¿Podemos perdonar su dolor?

Y yo contesté a todos diciendo:

«Tener presente que sólo he sonreído. Nada estoy expiando, ni a nada me estoy sacrificando, no deseo gloria; y no tengo nada que perdonar. Sí, tenía sed y os rogué que me dieseis a beber mi sangre. Pues, ¿qué puede aliviar la sed de un loco más que su misma sangre? Estaba mudo y os rogué que me abrierais mis heridas para tener bocas. Estaba prisionero de vuestros días y vuestras noches, y busqué una puerta hacia más anchos días y más anchas noches.

Y ahora me voy, como lo han hecho otros crucificados. Pero no penséis que los locos estamos cansados de tanta crucifixión. Pues debemos ser crucificados por cada vez más hombres, entre tierras más vastas y cielos más amplios.»

EL ASTRONOMO

Sentado a la sombra de un templo, vimos mi amigo y yo a un ciego solitario. Y mi amigo me dijo: «Ves a ese ciego, es el hombre más sabio de nuestro país.»

Me separé de mi amigo y me acercé al ciego, le saludé y nos pusimos a hablar.

Hablando le dije: «Perdona mi pregunta. ¿Hace mucho que estás ciego?»

Y él me contestó: «Soy astrónomo.»

Entonces le pregunté: «¿Puedes decirme qué camino de la sabiduría has escogido?»

Y él me contesto: «Soy astrónomo.»

Y se puso la mano sobre el pecho y añadió: «Me consagro a la observación de todos los soles, estas lunas y aquellas estrellas.»

LA GRAN AMBICION

Estoy aquí sentado a un lado mi hermana la montaña y al otro mi hermano el mar.

Y los tres hacemos uno en nuestra soledad, y nos une un amor hondo, fuerte y extraño. Verdad es que es más hondo que mi hermano el mar, y más fuerte que mi hermana la montaña, y más extraño que ésta mi rara locura.

Desde que la primera incierta aurora nos hizo visibles entre sí, han transcurrido muchos milenios; y pese a que juntos hemos contemplado el nacimiento, el crecimiento y el ocaso de muchos mundos, aún somos apasionados y jóvenes.

Somos jóvenes y vehementes, y, no obstante, seguimos solos, sin que nadie nos visite, y, aunque siempre estamos abrazados, nunca hemos encontrado consuelo. ¿Pero, qué lenitivo puede haber para el deseo controlado y la pasión reprimida? ¿De dónde provendrá el Dios ígneo, que caliente el lecho de mi hermano el mar? ¿Y qué corriente mitigará el fuego de mi hermana la montaña? ¿Y qué mujer podrá hacerse dueña de mi corazón?

En la noche silenciosa, mi hermano el mar murmura en sueños el ignorado nombre del dios del fuego, en tanto que mi hermana la montaña clama por el remoto y fresco dios torrente. Y yo no sé a quién llamar en mi sueño.

Estoy aquí sentado, a un lado mi hermana la montaña y al otro mi hermano el mar. Los tres hacemos uno en nuestra soledad, y el amor que nos une es en verdad hondo, fuerte y extraño.

LA MATA DE HIERBA

Una mata de hierba le dijo a una hoja que cayó en otoño: «Has hecho tanto ruido al caer que has ahuyentado mis sueños invernales.»

Y la hoja le replicó enfadada: «Eres un ser miserable y de humilde cuna. Eres repulsiva y sin canto: no moras en las altas esferas, ni nunca has conocido la canción.»

Después la hoja caída se durmió, y cuando llegó la primera se convirtió en una brizna de hierba.

Y luego volvió el otoño, y ella dormía el sueño del invierno, las hojas otoñales moviéndose en el viento comenzaron a caer sobre ella. Y la mata de hierba susurró: «¡Estas malhadas hojas otoñales hacen tanto ruido que ahuyentan mis dulces sueños invernales!»

EL OJO

Un día el Ojo dijo: «Veo a lo lejos, más allá de este valle, una hermosa montaña, velada por una niebla azulada. ¿No es verdad que es maravillosa?»

El Oído lo oyó y, después de un rato de escuchar con atención, añadió: «¿Dónde está esa montaña? No la oigo.»

Y entonces habló la Mano: «Trato inútilmente de tocar o sentir la Montaña, pero no encuentro nada.»

Y habló la Nariz: «No existe ninguna montaña, pues no puedo olerla.»

El Ojo miró hacia otro lado, y los demás comenzaron a murmurar de la rara alucinación del Ojo. Y se decían entre sí: «Algo funciona mal en ese Ojo.»

LOS DOS SABIOS

En la vieja ciudad de Afkar moraban dos sabios que mutuamente se odiaban su sabiduría. El uno afirmaba la existencia de los dioses y el otro la negaba con vehemencia.

Un día se tropezaron en el mercado y, entre las gentes, empezaron a discutir sobre si existían o no los dioses. Y, después de muchas horas de ardua discusión, cada cual regresó a su casa.

Y esa noche, el incrédulo fue al templo y arrodillado ante el altar imploró el perdón de los dioses por sus antiguos errores.

Y esa misma noche el sabio que creía en la existencia de los dioses incineró todos sus libros sagrados, pues se había convertirdo en un incrédulo.

MI TRISTEZA

Cuando mi Tribuna nació, le prodigué muchos cuidados y la protegí con todo mi cariño.

Y mi Tristeza creció, como todos los seres vivientes, robusta y bella, y plena de gracia.

Y mi Tristeza y yo nos queríamos, amábamos el mundo en torno nuestro, pues mi Tristeza era de tierno corazón, y también mi corazón derramaba ternura por mi Tristeza.

Y cuando hablamos, nuestros días tenían alas y nuestras noches estaban orladas de sueños, pues mi tristeza era locuaz y yo también lo era con ella.

Y cuando cantábamos a coro, nuestros vecinos abrían sus ventanas para oírnos, y nuestros cantos eran más hondos que el mar, y nuestras músicas estaban plenas de añoranzas remotas.

Y cuando juntos paseábamos, las gentes nos miraban con cariño, y musitaban palabras de inefable ternura; sin embargo, algunos nos veían pasar con envidia, porque mi Tristeza era noble, y yo rebosaba de orgullo de mi Tristeza.

Mas un día murió mi Tristeza, como muere todo lo que vive, y quedé solo con mis pensamientos.

Y ahora, cuando hablo, mis palabras son cual losas para mis oídos.

Y cuando canto, ya no abren sus ventanas para oír mi canción.

Y cuando paso por las calles nadie se detiene a mirarme.

Pero en mis sueños oigo voces que me compadecen, y las oígo decir: «Miradle, es el hombre al que se le murió su tristeza.»

MI ALEGRIA

Cuando nació mi Alegría, la estreché en mis brazos y subí a la azotea de mi casa, y desde ella grité a las gentes:

«¡Venid! ¡Venid, mis vecinos, venid a ver, porque hoy ha nacido mi Alegría! ¡Acercaos a contemplar a este ser alegre que ríe al sol!»

Pero ninguno de mis vecinos acudió para ver mi alegría y ello me llenó de asombro.

Y después todos los días, durante siete lunas, proclamé la llegada de mi Alegría desde mi azotea, pero nadie se dignó a escucharme.

Y mi Alegría y yo seguimos solos, sin preocupar a nadie y sin que nadie se acercara a vernos.

Y entonces mi alegría empezó a desmejorarse y a hastiarse, ya que ningún otro corazón, a excepción del mío, admiraba su belleza, y nada más que mis labios besaban los suyos.

Después mi Alegría la mató la soledad.

Y ahora sólo recuerdo a mi Alegría cuando pienso en mi Tristeza muerta.

Pero el recuerdo es una hoja que flota un instante en el viento y cuyo rumor al caer no vuelve a oírse más.

EL MUNDO PERFECTO

Dios de las almas errantes, tú que estás perdido entre los dioses, escúchame:

Puntual Destino que nos vigilas, espíritus erráticos y locos, oídme:

Moro entre una raza de hombres exactos, yo el más imperfecto de los hombres que son.

Yo un torbellino humano, una nebulosa de elementos indeterminados, me muevo en mundos exactos, entre gentes gobernadas por leyes justas y que acatan un orden limpio de pensamientos ordenados, de sueños catalogados, de visiones inscritas y reguladas.

Pero sus virtudes, ¡oh, Dios!, están registradas, sus pecados catalogados por peso y medida, y también los numerosos actos que se producen en la luz incierta de lo que ni es pecado ni virtud, están clasificados y archivados.

Aquí el día y la noche están divididos en períodos exactos, y las mismas estaciones están regidas por normas de rigurosa precisión.

Comer, beber, dormir, cubrir el cuerpo y después cansarse, todo tiene su tiempo.

Trabajar, jugar, cantar, bailar y luego abandonarse al descanso, a la hora precisa que ordena el reloj.

Pensar y sentir de cierta forma, predeterminada, y después dejar de pensar y sentir cuando determinada estrella se levanta en el lejano horizonte.

Robar al vecino sonriendo, otorgar un regalo con gentil ademán, encomiar con sobreidad, censurar con prudencia, destruir un alma con una palabra, quemar un cuerpo con un soplo, y después lavarse las manos cuando se concluye la tarea diaria.

Amar ateniéndose a un orden establecido, divertirse de una forma ya fijada, adorar como se prescribe a los dioses, engañar con argucias al demonio, y después olvidar todo, como si la memoria olvidase todo.

Imaginar con un fin establecido, proyectar con un fin determinado, practica la felicidad moderadamente, soportar con nobleza el sufrimiento y después beber la copa para llenarla de nuevo al siguiente día.

Todos estos actos, ¡oh, Dios!, están planeados con precisión, creados a voluntad, mantenidos con tino, regidos por normas, dirigidos por la razón, y después asesinados y enterrados por el método establecido.

Pero, además, de sus tumbas, incrustadas dentro del alma humana, tienen su número y marca.

Es un mundo exacto, un mundo de precisión consumada; un mundo de excelsas y maravillosas cosas; el fruto en sazón del paraíso de Dios, el pensamiento que rige el universo.

Mas, ¿por qué debo yo vivir en él? ¡Oh, Dios!, yo que soy semilla infecunda de una pasión frustrada, torbellino arrebatado, que sopla hacia cualquier lugar, fragmento desordenado de un mundo que pereció entre las llamas.

¿Para qué estoy aquí? ¡Oh, Dios de las almas errantes, tú que estas extraviado entre los dioses!

LAGRIMAS Y SONRISAS

No cambio el dolor de mi corazón por la alegría de los hombres.

Yo no deseo que se trueque en risa la lágrima que la pesadumbre arrebata de mi tristeza.

Mi deseo es que mi vida sea: Lágrimas y sonrisas.

Que sean lágrimas que limpien mi corazón y me hagan entender los misterios de la vida; que se conviertan en sonrisas que me acerquen a los hombres y símbolo de mi culto a los dioses.

Que sea mi vida una lágrima con la que pueda participar del dolor de los afligidos y sonrisa que proclame el placer de mi vida.

No, deseo morir de ansias, antes que vivir presa del cansancio.

En lo más profundo de mi alma late un anhelo hacia el amor y la belleza, pues veo a los poderosos desdichados siervos de la materia, en tanto que los suspiros de un corazón ardiente son más armoniosos que una melodiosa canción.

Al caer la noche se cierran los pétalos de las flores, abrazándose en su ansia de recuerdos, y cuando sonríe el alba entreabren los labios, para sentir el beso del sol.

Las flores viven en un anhelo de encuentro: lágrimas y sonrisas.

Las aguas del mar, al evaporarse, ascienden, se condensan y se convierten en nubes.

Y las nubes navegan sobre los valles y los cerros. Y cuando reciben el primer beso de la brisa, lloran sobre los campos, deslizándose sus aguas hacia su patria, el Mar. La ley de vida de las nubes es separación y regreso: Lágrimas y sonrisas.

Ya que así es el alma; se enciende del espíritu universal y erra por el mundo material, y como nube, pasa así sobre la montaña de la tristeza y sobre los campos de la alegría. Y al recibir el primer beso de la brisa de la muerte, retorna al origen, al mar del Amor y de la Belleza: DIOS.

LA VIDA DEL AMOR

Acompáñame, mi amada, a vagar por las colinas en flor. Se ha derretido la nieve y se yergue la vida despertada de su sueño y encaminándose hacia los valles y las cuestas.

Caminemos juntos tras los pasos de la primavera en los campos distantes.

Trepemos a las alturas y admiremos la inmensa llanura que los rodea.

He aquí la primavera que desplegó el velo que la noche del invierno había doblado. Florecieron los manzanos y los ciruelos, y se ataviaron cual novias en la noche del Alkadar. Se despertaron las vides de su sueño, y sus racimos se entrelazaron como amantes. La cristalina agua de los arroyos corre entre las rocas susurrando el canto de la alegría. Las flores emergen del corazón de la tierra, cual las espumas del regazo del mar.

Colmemos, mi amada, lo que resta de las lágrimas de la lluvia, en los cálices de las violetas; colmemos nuestras almas con los cantos de las avecillas y tomemos el perfume del aura embalsamada. Vamos a sentarnos al lado de aquella roca donde se oculta la violeta, para darnos recíprocamente nuestros besos de amor.

EL VERANO

Vamos al campo, amada mía. Ya la cosecha está en sazón, y las espigas maduras, bajo el ardiente beso de el sol. Vayamos antes que los pájaros y las hormigas nos arrebaten nuestra cosecha. Vamos juntos a recoger el fruto de la tierra, igual que el alma cosecha los granos de la dicha de la semilla de la lealtad; la misma que el Amor ha plantado en lo hondo de nuestros corazones, ven a llenar nuestros cántaros de los frutos de las estaciones, igual que la vida llena las pirámides de nuestros sentimientos.

Vamos, mi amor, a tumbarnos sobre las hierbas secas, y a taparnos con el azul firmamento, apoyemos nuestras cabezas sobre los haces de hierba, y descansemos del cansansio del día. En esta hora oiremos el concierto del «gadir» * en el valle.

---

* Manantial.

EL OTOÑO

Vamos juntos a la viña, mi gacela, a pisar el mosto y a estrujar el vino de los racimos, y ponerlo en los cántaros, como el alma que atesora en sí la sabiduría de los tiempos.

Vamos a recoger las flores secas y a destilarlas, reconfortándonos con su delicado y conservado espíritu.

Regresemos a nuestra casa: las hojas de los árboles ya se marchitan y el huracán las quiebra, como si con ellas quisiera amortajar las flores que el fin del verano marchitaron.

Ven; los pájaros ya han emigrado hacia la costa y con ellos se llevaron la dulzura del campo y los huertos, abandonando el jazmín y el «saisaaban» en su mustia soledad.

Volvamos; ya no susurran los manantiales, y de los ojos de la colina ya no manan sus lágrimas de alegría. Los ribazos se desnudaron de su suntuoso manto. Ven, mi sultana; ya la Naturaleza, nuestra madre, es presa del sueño, que se despide de su vigilia, con una melancolica y «nahauandiana» canción.

EL INVIERNO

Acércate, acércate a mí, compañera de mi vida. No consientas que los suspiros de la nieve nos separen.

Siéntate conmigo junto a la estufa, pues el fuego es el fruto más sabroso del invierno. Cuéntame los cuentos del pasado, pues mis oídos se han cansado de los gemidos del viento y de los rugidos del huracán.

Cierra puertas y ventanas; el cielo oscuro, cargado de negras nubes, ensombrece mi corazón; y la aldea acurrucada, como una mujer entristecida bajo los copos de nieve, abruma y congoja mi alma.

Da a beber aceite a la lámpara, mi antigua compañera, pues agoniza. Ponla cerca de ti, para mirar y contemplar lo que las noches grabaron en tus mejillas. Acerca el cántaro de vino y bebamos para recordar los días alegres de la vendimia.

Acércate, más y más, amor mío... El fuego está apagado y la ceniza lo abriga... Abrázame. Ya se extinguió el fuego, luz de mis ojos, y lo cubrió la tiniebla. Ya somos presa de una antigua embriaguez.

Mírame con tus ojos velados por el sueño. Abrázame antes que la muerte nos posea.

Bésame... el frío se apoderó de todo... todo, menos tus besos...

¡Oh..., mi amor, qué hondo es el mar del sueño, y cuán lejano, cuán distante, el amanecer en este mundo!

MI CUMPLEAÑOS

Un día tal como hoy surgí de las entrañas maternas a la luz de la vida.

Un día tal como hoy, de la nada salí al teatro del ancho mundo, y me asomé a su sombrío horizonte. Un día tal como hoy, me dejaron las manos de la quietud, veinticinco años ha, en brazos de este mundo turbulento, lleno de ruido y bullicio, de luchas de incertidumbre.

Un día tal como hoy, me dio a la luz el vientre de mi madre. Veinticinco años que me muevo bajo el sol, e ignoro cuántas veces la luna gira sobre mí; y hasta hoy desconozco todavía los arcanos de la luz, y nada llegué a saber de los misterios de la oscuridad. Con este incierto mundo, veinticinco veces recorrí alrededor de aquella sublime ley y única ley; y mi alma balbucea el nombre de esa ley como una caverna que hace eco al estruendo de las olas del mar; pero sin entender nada de su esencia que existe en su existir; y canta las canciones del flujo y del reflujo, pero sin conocer nada de su misterio.

Veinticinco años que me grabó la mano del tiempo una palabra en el libro de este mundo extraño y espantoso y aquí estoy desde aquel día: una palabra incomprensible y ambigua que a veces indica algo, muchas nada simboliza.

Las reflexiones y recuerdos, los pensamientos e imaginaciones se agrupan apretados en mi alma, en este día de cada año, y frente a mí se apiñan los fantasmas de mis lejanas noches, disolviéndose después igual que las nubes que el viento dispersa estragunlándolas después de los ángulos de mi aposento tal como al susurro del arroyuelo en los valles lejanos y desiertos.

Un día tal como hoy, de cada año, se llegan a mí los espíritus que ornaron mi alma. Llegan presurosos de todas las regiones del orbe y me rodean entonando el himno de los tristes recuerdos. Después se retiran pausadamente, y se ocultan tras el infinito, igual que bandadas de gorriones, que se posan en un prado abandonado, donde los segadores dejaban sus parvas, y no encontrando granos que coger, revolotearan por encima, piando desconcertados, para después cernirse sobre otro firmamento.

En este día mi mente refleja todos los significados de mi pasada vida, y mi numen es sólo un nítido espejo en el que me contemplo ensimismado, dejándome ver los lívidos semblantes de los años, tal como rostros de agonizantes; los perfiles de la esperanza y los sueños y los anhelos, cubiertos de surcos como caras envejecidas. Cierro mis ojos y vuelvo a mirar aquel espejo y sólo contemplo mi cara. Miro mi cara y no veo más que tristezas y melancolías. Pregunto a mis tristezas y las hallo mudas. Pero si las aflicciones de mi corazón hablasen, las encontraría más dulces que el placer.

En los veinticinco años transcurridos, he amado mucho. ¡Y muchas veces amé lo que desprecia el mundo y desprecié lo que el mundo ama! Y lo que cuando niño amé lo sigo amando, y lo seguiré amando hasta el fin de mis días, ya que es el amor mi único tesoro, que nadie podrá arrebatarme. En mi desesperación muchas veces también amé la muerte, y le canté las más dulces canciones; como para ella rimé, pública y secretamente, los versos más amargos, sin olvidar la muerte, amé mucho la vida. Vida y muerte se aunaron con amor en mi alma, y asemajándose en el deseo se fundieron en la germinación de mis anhelos y cariños.

Amé la libertad, y mi amor creció con mi conocimiento del porqué de tanta esclavitud y tiranía entre los hombres. Naciones subyugadas, humilladas, obligadas a adorar los ídolos que los siglos sombríos esculpieron y que la estulticia elevó: ídolos adornados en sus altares por labios esclavos.

Amaba a esos esclavos por mi amor a la libertad, y la piedad que les tenía laceraba las fibras de mi corazón, pues eran ciegos que besaban la faz de las bestias sangrientas, y no veían; y bebían el veneno de las víboras, y no sentían; o con sus propias manos cavaban sus tumbas, e ignoraban el horror.

Amé la libertad por sobre todas las cosas, porque se me reveló bajo la forma de una niña que la soledad entristeció y el aislamiento enervó, hasta que se convirtió en una sombra translúcida que corría por las casas de los hombres, y se detenía en las esquinas de las calles, llamando a los transeúntes que permanecían mudos, sordos, indiferentes.

En mis veinticinco años, a semejanza de todos los hombres, amé mucho la felicidad. La buscaba en mi diario despertar, como todos los hijos de Adán; pero nunca la encontré en sus caminos; ni la huella de sus pies impresa en la arena que rodea sus casas la revelaba; ni el eco de sus pasos resonaba alrededor de sus templos. Y cuando estaba solo, sólo oía a mi alma que, hablando en silencio, me decía: la felicidad es una niña que nace y mora en lo hondo del corazón humano.

Y cuando crucé las puertas de mi corazón, sólo encontré allí su espejo, su lecho y sus ropas; pero la felicidad no estaba en mi corazón.

Los hombres que amé mucho se dividen en mi ley en tres categorías: unos que maldicen la vida, otros que la bendicen y los demás la contemplan sumergiéndose en ella. A los primeros los amé por su desventura, a los segundos por su tolerancia y a los últimos por su profunda sabiduría.

Así transcurrieron mis veinticinco años y así se agostaron mis días y mis noches, apresurándose, disolviéndose con las ilusiones de mis esperanzas, desprendiéndose de mi vida, cual hojas arrebatadas por un viento otoñal.

Y hoy hago un alto para recordar, cual viajero fatigado y errante, que arriba, a la mitad del camino, y miro alrededor, y no veo rastros de mi vida anterior, y de nada que pueda enorgullercerme, ante la luz del sol, y de nada puedo decir: esto es mío. Ni las sazones de mis años pasados me dejaron algo, salvo unas hojas manchadas por la tinta y unas curiosas figuras llenas de acordes líneas y colores. En esas hojas separadas y en esos cuadros sin orden he sepultado mis sentimientos, mis ideas y mis sueños. Y me asemejé al sembrador campesino que arroja sus semillas en las entrañas de la tierra; aunque el sembrador que en el campo deposita sus semillas en los surcos de la tierra vuelve a su casa con el corazón pleno de esperanza, colma de fe su alma y un día no lejano recolectará sus semillas multiplicadas cuando llegue la cosecha y la siega.

Yo esparcí los granos de mi corazón, sin abrigar ninguna esperanza, sin nada esperar y sin súplicas...

Y hoy que alcancé tal sazón de mi vida, miro el pasado a través de una nube de tristezas y suspiros; y el mañana velado por el pasado...

Y sigue la vida.

Me paro frente a mi ventana a contemplar tras sus cristales el universo. Distingo caras, oigo voces que se elevan hasta el cielo; oigo pasos lentos; noto el roce de las almas con la fluidez de sus inclinaciones; siento latir los corazones. Veo a los niños jugar y correr entre sí, llenando de polvo sus ropas, riendo plenos de júbilo.

Veo a los jóvenes andar, con sus cabezas elevadas, como si leyeran en el borde de las nubes, áureas por los rayos del sol, el poema de la juventud. Las mozas pasan moviendo sus cuerpos ágiles, como ramos florecidos, sonriéndose, mirando a los jóvenes con deseo y amor en sus ojos; los viejos andan despacio, con sus espaldas encorvadas y apoyados en sus bastones, como si buscaran entre las piedras el tesoro de sus años perdidos.

Tras mi ventana veo todas estas figuras y siluetas, y después miro más allá de la ciudad. Veo los campos bañados en su divina belleza y su alma secreta: colinas elevadas, valles, llanuras y espesos bosques; prados florecientes; flores que esparcen su perfume; pájaros que trinan; arroyos que cantan y de dulce susurro.

Después, miro allende Albariah y mis ojos tropiezan con el universo infinito, con sus astros luminosos y sus planetas, y soles y lunas regidos por una suprema ley y sometidos a una voluntad superior y eterna. Veo y contemplo todos estos objetos y mundos tras los cristales de mi ventana, y entonces olvido los veinticinco años, y todos los siglos que les preceden y todos los que vendrán.

A ahora mi ser me parece una brizna del suspiro de un niño perdido en un vacío infinito e insondable; pero noto en el movimiento de ese átomo —esta alma— esta esencia que llamo «YO»; noto sus movimientos y su confusión; la veo desplegar sus alas hacia el cielo y extender sus manos hacia todo; angustiado en el día de cada año que de la nada trajo a este mundo. Y con voz que se eleva de sus santidad exclama: ¡Salam * vida mía! ¡Salam ilusiones! ¡Salam, oh día, que hundes en tu luz la oscuridad de la tierra! ¡Salam, oh noche, que con tu lobreguez proclamas la luz celeste! ¡Salam, primavera que rejuveneces la vejez de la tierra! Verano que proclamas

* Salam: ¡salud!

la gloria del sol; otoño que marchitas las flores y atenúas la actividad de los campos; invierno que apagas la fuerza de la madre naturaleza. ¡Salam, años que descubrís lo que el tiempo ha velado! Siglos que corregís lo que las edades han deformado. ¡Salam, oh tiempo, que nos encaminas hacia la perfección! ¡Salam, oh espíritu, que conduces la vida y que te ocultas tras el manto solar!

Y tú, corazón mío, ¡Salam, pues con el Salam puedes exhortar y cantar a pesar de estar anegado en lágrimas! ¡Salam, labios míos, pues vosotros proclamáis el Salam en el instante de probar la amargura!

ENTRE LAS RUINAS

La luna envolvía con plateada claridad la ciudad del sol, cuya muralla la rodeaban de hermosas florestas. El silencio pesaba sobre todo, y, tal como gigantes que se burlan de la vida, así aparecían aquellas melancólicas ruinas. En aquella hora brotaron de la nada dos genios como dos columnas de vapor que ascienden de una azulada laguna y se sentaron en una columna de mármol, que los siglos habían preservado dentro de aquellos antiguos edificios. Contemplaron lo que su vista abarcaba que semejaba un círculo onírico.

Abarcaron con sus miradas el horizonte, que exaltaba la grandeza de la imaginación, con su amena naturaleza y sus profundas reminiscencias.

Y después de contemplar extáticos el panorama, uno de ellos levantó su cabeza y con voz semejante al eco que repercute en el valle lejano, exclamo:

«He aquí las ruinas de los templos que he erigido para ti, mi amada; he aquí los escombros de un alcázar que he levantado para tu amor. Todo se ha desplomado y de ellos no quedan más que restos que hablan a las generaciones de una gloria que consumió mi vida por eternizarme y muestran al viajero el esplendor que sacrifiqué a los miserables por glorificarme.

»Mira, amada mía, cómo han conseguido vencer los furores de la naturaleza la ciudad que levanté; y cómo desdeñaron la sabiduría que yo concebí; y cómo el olvido asoló un reino que yo erigí. De todo esto no resta más que tu amor y el fruto de la belleza que tu amor concibió en mí.

»Construí un templo en Jerusalén para el culto. Los sacerdotes lo consagraron; pero el tiempo lo abatió en escombros. En mi corazón levanté un altar para glorificar tu amor; pero como Dios lo bendijo, nada pudo el Destino contra él. He consumido mi vida desentrañando la apariencia de las cosas e interrogando los hechos de la materia. Pero el hombre dijo: ''Es un rey sabio''; los ángeles contestaron: ''Es un sabio pequeño.'' Y después te vi, amor mío, y te canté mi amor y mis deseos. Mis canciones alborozaron a los ángeles, pero no al hombre.

»Era en los días de mi reinado un bastión entre mi alma ardiente y el supremo espíritu que habita los mundos. El amor se despertó en mi corazón al verte y derribó aquel bastión, y entonces lloré con amargura y lamenté una vida que transcurrió entregado al oleaje de la desesperación. Y vi que era todo vano bajo los rayos del sol. Reuní armas y me aprovisioné de escudos; construí palacios y fortalezas, hasta que sembré el pánico entre mi tribu y los pueblos lejanos; pero cuando me iluminó tu amor fui despreciado hasta por mi pueblo; mas cuando llegó la muerte sepultó todas las armas y desplomó todas las ciudadelas y llevó mi amor a Dios.»

Y pasado un momento habló el segundo: «Como la flor que toma de la tierra su aroma y su vida, así extrae el alma la sabiduría de su debilidad y sus defectos.»

Y se confundieron los dos genios trocándose en un solo cuerpo y después iniciaron su viaje. Después de un tiempo, anunció al aire estas palabras:

«No preserva la Eternidad más que el amor, porque está hecho a su semejanza.»

EL CRIMINAL

En un descanso del camino se sentó un joven mendigo. Era un hombre fornido, debilitado por el hambre. El joven mendigo tendía su mano a los transeúntes, suplicándoles, implorándoles compasión, repitiendo las letanías de su miseria, lamentándose del hambre canina que le torturaba.

Anocheció y la mano del joven mendigo estaba vacía como su estómago. Sus labios se secaron de tanto suplicar la caridad de sus hermanos, y su lengua se hinchó de tanto rogar un pedazo de pan para su hambre.

Se levantó y se encaminó a un paraje solitario fuera de la ciudad, sentándose bajo unos árboles que había allí. Tapó su cara con sus manos y luego estalló en sollozos.

Después elevó sus ojos cuajados de lágrimas y miró al cielo. El hambre le dictó estas palabras:

«¡Dios mío!, cuando fui a la casa del rico a pedir trabajo me echó de sus puertas al verme andrajoso. En la escuela no me aceptaron porque llevaba las manos vacías. Quise trabajar por el pan diario y me rechazaron a causa de mi desdicha. Todas las puertas del trabajo se cerraron ante mí, y cuando debilitado por el hambre pedí limosna a tus adoradores, me contestaron: eres fuerte y la caridad no se otorga a los hijos de la indolencia y la holgazanería.

»Por tu voluntad mi madre me trajo al mundo. ¡Dios mío!, por tu ser es lo que soy ahora. ¿Entonces por qué los hombres me niegan el pan en tu nombre, suplico?»

Entonces un cambio súbdito se produjo en el rostro del joven desesperado. Y se levantó mientras sus ojos relampagueaban. Se armó de un enorme garrote y, señalando con su arma a la ciudad, exclamó: «Supliqué la vida con el sudor de mi frente y me fue negada. La tendré por la fuerza de mis brazos. Pedí pan invocando el Amor, y ningún humano me prestó oídos; yo lo obtendré en nombre del mal.»

Y transcurrieron los años y el joven mendigo cortaba las cabezas para comprar joyas y destruía los templos de las almas para colmar sus ambiciones. Se hizo rico, opulento y temido. Y le quisieron los bandidos y ladrones de su tribu. Y cuando su fama llegó a oídos del Emir, le hizo su lugarteniente en aquella ciudad.

Con su avaricia el rico hace del pobre miserable un criminal; tal como con su crueldad hace del hombre sencillo, de un hijo de la paz un asesino.

LA BELLEZA DE LA MUERTE

Quiero dormir; mi corazón está ya embriagado del amor y mi alma fatigada de los días y de las noches.

Encended los candelabros y ahumad con incienso alrededor de mi lecho; derramad rosas y violetas sobre mi cuerpo. Ungid mis cabellos con almizcle y derramad perfumes sobre mis pies; y luego, mirad y leed lo que la mano de la muerte escribe sobre mi frente.

Abandonadme en brazos de los sueños; mis párpados están cansados de la vigilia.

Tañed las cítaras y dejad que los sonidos de sus argenteas cuerdas bañen mis oídos. Soplad los «naies». Tocad el «rabab» y con melodiosa armonía urdid un velo que envuelva mi corazón que va hacia la muerte.

Cantad las canciones deíficas; haced de dulce melodía un lecho para mis sentimientos y entonces veréis los rayos de la esperanza en mis ojos.

¡Camaradas!, enjugad vuestras lágrimas y levantad vuestras cabezas como elevan las flores sus corolas a la llegada del crepúsculo y contemplad la novia de la muerte instalada cual luminosa columna entre mi lecho y el infinito.

Ahorrad vuestros suspiros y oíd un momento, y

llegará a vuestros oídos el suave palpitar de mi corazón.

Acercaos a despedirme hijos de mi madre.

Besad mi frente con labios risueños; besad mis labios con vuestros párpados.

¡Que los niños de mi aldea se lleguen a mi lecho y me acaricien con sus rosados dedos!

¡Que se acerquen los ancianos a bendecir mi frente con sus torpes manos!

Dejad que los niños de mi ciudad vengan a contemplar la sombra divina sobre mis ojos y a escuchar el eco de la eterna canción que se aúna a mis suspiros.

LA SEPARACION

Ya mi alma llegó a la cúspide de la montaña sagrada, nadando en el espacio de la libertad y la salvación.

Lejano estoy, hijos de mi madre, alejado de vosotros. Las cumbres de las colinas se han anegado en un mar de tinieblas; los valles se esfumaron en un mar de silencio; los caminos y los bosques desaparecieron bajo la acción del olvido, y los prados floridos se ocultaron tras blancos mantos como nubes primaverales, lívidos cual rayos de luna y enrojecidos como el velo del crepúsculo.

Ya se extinguieron las canciones del mar y cesó el concierto de los manantiales en los campos cercanos y ahora no oigo más que el himno de la Eternidad abrazado con el afán de mi alma.

EL DESCANSO

Despojadme del lino y amortajadme con hojas de lirio y jazmín. Levantad mi cuerpo del ataúd de alabastro y dejadlo sobre tapices de azahares.

No os lamentéis, hijos de mi madre, por mi muerte. Entonad el himno de la juventud y de la dicha. No lloréis, oh, hijos del campo. Entonad las canciones de la siega y la vendimia. No abruméis mi pecho con vuestras lágrimas y suspiros. Escribid sobre mi pecho con vuestros dedos el símbolo del amor y del júbilo.

No alteréis la quietud del céfiro con angustiosos lamentos. Entonad los salmos y las alabanzas de la eternidad. No os cubráis de luto por mi ausencia. No os refiráis a mi muerte con tristes añoranzas. Cubríos de vuestras blancas vestiduras como es mi alma. Cerrad vuestros ojos y me encontraréis entre vosotros, hoy y mañana.

Extendedme sobre frondosas ramas y conducidme despacio... despacio a los campos distantes y silentes.

No me dejéis en la necrópolis donde la muchedumbre y el crujir de los huesos perturben la quietud de mi sueño. Dejadme en la selva del Cedrón y cavadme una tumba, donde florezcan las violetas y las anémonas.

Ahondad el sepulcro para que las tormentas celestes no arrastren mis restos al regazo de los valles. Cavadme un sepulcro ancho para que me acompañen las sombras nocturnas. Desnudadme y bajadme al corazón de la Tierra. Tendedme suavemente sobre el pecho de la Madre y cubridme con prolífica tierra mezclada con semillas de jazmín, de lirio y de rosas. Ellas germinarán sobre mi tumba, nutriéndose de la savia de mi cuerpo y saturarán el ambiente con el perfume de mi corazón.

Y esparciendo la serenidad y los secretos de mi quietud, recordarán al viajero la poesía de mi vida, de mi pasado y de mis sueños.

Marchaos ahora, hijos de mi madre.

Abandonadme en mi soledad, apartandoos de mi tumba con pasos leves, como cuando camina el silencio en las llanuras lejanas.

Abandonadme y retornad a vuestras casas. Donde encontraréis lo que la muerte no pudo arrebatar de mí ni de vosotros.

Alejaos de mi tumba, hijos de mi madre; lo que vosotros queréis, se encuentra ya lejos, muy lejos de este mundo.

LAS LETRAS DE FUEGO

Grabad sobre la losa de mi tumba:

«Aquí yacen los restos de quien escribió su nombre en agua» (Keats).

¿Es éste el fin de las noches?

¿Así nos extinguimos bajos los pies del destino?

¿Así nos humillan los siglos y no nos reservan más que un nombre que escriben sobre sus páginas, con agua en vez de tinta?

¿Se extinguirán aquellas luces y se borrarán aquellos amores?

¿Se diluirán aquellas esperanzas?

¿Abatirá la muerte todo lo que construimos o aventará el viento todo lo que decimos?

¿Y la sombra tenderá su manto sobre lo que hacemos?

¿Es ésta la vida?

¿Es un pasado que se marchó y se esfumaron sus restos? ¿Es un presente que corre tras el pasado, o es un futuro indescifrable hasta se torne presente o pasado?

¿Se borrarán todos los placeres de nuestro corazón y todos los dolores de nuestras almas sin conocer sus resultados?

¿Es así el hombre, cual espuma de las olas, que al roce del viento se desvanece y se apaga como si no hubiera sido?

¡No, por vida mía! La vida es un valor cuyo principio no está en el pecho y cuyo final no es la tumba. Estos son sólo unos momentos de una vida eterna.

Nuestra vida en el mundo es sólo un sueño igual al despertar que llamamos la espantosa muerte. Un sueño, pero todo lo que en él hemos visto y realizado permanecerá eterno con la eternidad de Dios.

La brisa arrastra cada sonrisa y cada suspiro de nuestros corazones y conserva el eco de cada beso nacido del amor. Los ángeles llevan cuenta de cada lágrima que la tristeza arranca de nuestros ojos, y los espíritus que vagan en lo infinito, devuelven el canto que la alegría ha suscitado en nuestra sensibilidad. Allí, en el mundo que vendrá, comprobaremos la tristeza, y sentiremos vibrar nuestros corazones. Allí volverá la esencia de nuestra idolatría, que ahora desdeñamos, urgidos por la desesperación.

El error que aquí denominamos debilidad, mañana semejará un eslabón necesario que completa la cadena de la vida del hombre.

Las tareas penosas que no nos dan satisfacción vivirán con nosotros y proclamarán nuestra gloria.

Las desgracias y los desastres que soportamos serán nimbos de nuestro orgullo.

Así es, y si Keats, ese ruiseñor melodioso, hubiera sabido que sus poemas aún siguen infundiendo al espíritu del amor a la belleza en el corazón de los hombres, hubiera proclamado:

«Grabad sobre la losa de mi tumba:

Aquí están los restos de quien grabó su nombre sobre la faz del cielo con ígneas letras.»

EL NIÑO JESUS Y EL AMOR NIÑO

En el día de ayer y sólo en este mundo estaba yo, mi amada, y la soledad me hería como la muerte. Vivía en soledad, igual que la flor que aborta a la sombra de las grandes rocas. La vida no percibía mi existir, y yo nada notaba de la esencia de la vida. Pero hoy despertó mi alma y te vi a su lado. Igual que aquel Pastor que vio en llamas la zarza, así mi alma te idolatró, se alborozó y de rodillas te adoró.

En el día de ayer los dedos del céfiro me fueron ásperos y desagradables, mi amada, y débiles los rayos solares. Y la niebla ocultaba la faz de la tierra, y el eco de las olas parecíase a los truenos resonantes. Adonde miraba no veía más que mi herida existencia que, sempiterna, yo veía plantada ante mí, y acompañada por las sombras del caos que se deslizaba a mi alrededor, como buitres hambrientos. Y hoy se clarificó el aire y la naturaleza se bañó en luz refulgente. Se silenciaron las olas del mar y la niebla se levantó, en todo hoy te veo y junto a ti distingo los arcanos de la vida rodeándote como un ave que se baña en un tranquilo lago y a la que envuelven las ondulaciones que imprime su cuerpo en el agua.

En el pasado yo era sólo una palabra perdida en el intelecto de las noches y hoy son una alegre canción en boca de todos los días. Todo ello se hizo en sólo un instante formado con una mirada, una palabra, un suspiro y un beso...

Y ese instante ha unido, mi amada, las disposiciones pasadas de mi alma y sus futuras esperanzas. Y fue como una blanca rosa que surgió del sombrío corazón de la tierra al sentir el beso fecundo de la luz solar. Aquel instante tiene de mi vida lo que los siglos poseen del nacimiento de Jesús: todo estaba pleno de espíritus, de purezas y de amores; y en mis entrañas se hizo luz, se produjo el placer y en mi corazón brotó la dicha suprema. Bajando del cielo fulguran las chispas del amor, brillando en imágenes y formas distintas, pero su acción eficaz en este mundo es una chispa que ilumina lo recóndito del corazón humano. Semejante a la llama deslumbrante que desciende del firmamento para iluminar todos los ocultos senderos de las naciones todas; pues hay en una sola alma elementos, tendencias, sentimientos que en nada difieren de los elementos, tendencias y de los sentimientos que abriga el alma de la familia humana.

Los judíos, mi amada, esperan la llegada de un hombre humilde entre los humildes y grande entre los grandes, cuyo advenimiento ha sido prometido al pueblo de Israel desde el inicio de los tiempos para redimirlo de su esclavitud humillante. La ancha alma de Grecia percibió que el culto a Zeus y Atenea se diluía, y los espíritus se rebelaron contra la pasividad de sus ídolos. Y en Roma la idea sublime comprendía que la divinidad de Apolo se distanciaba rápidamente de los sentimientos, y que la belleza de Venus se diluía en su camino hacia la vejez.

Todos los pueblos percibían, sin conocer la causa, un hambre espiritual por la enseñanza divina y unas hondas tendencias hacia aquella libertad redentora que enseña al hombre a vivir en paz y alegría con su prójimo a sentir aquella felicidad elevada y suprema ante la faz del sol y la belleza de la vida. Esa es la libertad del espíritu que suscita en el ser humano el valor de aproximarse a una fuerza invisible, sin miedo, para convencer a los hombres que él se llega a ellos por su felicidad.

Todo esto era hace dos mil años, mi amada, cuando los anhelos del corazón humano se movían alrededor de un espejismo, inmersos en un caos, sin dirección ni principio, sin valor para elevarse al espíritu supremo y eterno, cuando Pan aterrorizaba a los pastores, cuando Baal, regido por sus sacerdotes, oprimía y escarnecía los corazones de los pobres y de los miserables.

En una noche, en un solo momento aislado del tiempo, pues ese momento era más poderoso que los mismos siglos, entreabriéronse los labios del Espíritu supremo y proclamaron el Verbo de la Vida, que en el principio estaba en el Espíritu.

Y se derramó con la luz de los astros y descendió con los rayos de la luna y se hizo carne en los brazos de una hija de los hombres, donde los pastores y sus rebaños se resguardaban de las fieras de la noche.

Aquel niño que dormía sobre un lecho de paja frío, aquel rey sentado en su trono, formado de corazones transidos de esclavitud, de almas ávidas de espíritus y de ideas, anhelantes de sabiduría; aquel niño obligado con ropas de su madre, ha arrebatado con su dulzura el cetro de la fuerza a Júpiter para entregarlo al humilde pastor, echado con su rebaño en la hierba. A Minerva, con su sublime dulzura, tomó la sabiduría, y la puso en boca del mísero pescador sentado en su barca a la orilla del lago; con la tristeza de su alma arrebató la alegría de Apolo para entregarla al triste de corazón, al sentado en los portales de los ricos rogando caridad.

Desnudó a Venus de su belleza y divina beldad y la traspasó al alma de la mujer caída, la mujer pecadora, la mujer perseguida. Abatió a Baal de su poder y su orgullo, y colocó en su sitio al labrador que siembra sus semillas con el sudor de su frente.

¿No eran ayer mis sentimientos como las tribus de Israel, mi amada? ¿No aguardé, en el silencio de la noche, la llegada de un redentor para liberarme de la vida y sus avatares?

¿No sufrí como todas las anteriores generaciones, el hambre espiritual? Como perdido en las ruinas de las ciudades, así he errado en el sendero de mi vida. Y mi alma, ¿no era acaso como la semilla arrojada sobre una piedra?

Todo esto era ayer, mi amada, cuando mis sueños flotaban en las tinieblas temiendo la luz; cuando la desesperanza curaba mis espaldas, cuando el tedio las levantaba.

Y sólo en una noche, en una sola hora. No: en sólo un momento, separado de los años de mi vida, porque es más hermoso que los años de mi vida, bajó el Espíritu del círculo de la luz y se miró en tus ojos y me habló en tu lengua. De aquellas palabras y de aquella mirada surgió el amor y se plantó en mi corazón, amor radiante, vestido con los pañales de mis sentimientos, amor niño, dulce, apoyado en mi alma, hizo de mi tristeza una alegría, de mi desesperación un consuelo y una gloria y de mi soledad un paraíso. Ese rey que domina la esencia pura ha devuelto con su voz la vida a mis días vacíos y con sus dedos echó en mis ojos la luz sofocada por mis lágrimas, y con su mano diestra ha sacado mis esperanzas de la sima del desconsuelo.

El tiempo aquél era todo tinieblas, mi amada, y hoy es un alba. Mañana será un día brillante, porque los suspiros del niño Jesús se fundieron con el espacio y con el céfiro. Mi vida era desolación y hoy es júbilo.

Hoy me siento feliz, mi amada, porque los brazos del niño Jesús y el beso del amor niño abrazaron y besaron mi corazón y mi alma.

JESUS EL CRUCIFICADO

Hoy, en un día tal como hoy de cada año, se despierta la humanidad de su hondo sueño y se levanta frente a las sombras de los siglos, volviendo los ojos plenos de lágrimas hacia el Gólgota para ver a Jesús el Nazareno clavado en una cruz de madera.

Al ponerse el sol torna la humanidad a inclinarse ante los ídolos alzados sobre cada colina y en las alturas de cada cerro.

Hoy el recuerdo se posesiona de las almas cristianas y las lleva desde las más remotas tierras del mundo a los alrededores de Jerusalén. Allí se golpean fervorosamente el pecho, adorando en éxtasis un crucificado coronado de espinas, con los brazos extendidos hacia un ilusorio infinito, y que observa tras el velo de la muerte las profundidades de la vida. Y apenas la noche cubre con su negro manto todo el escenario de aquel día, vuelven los creyentes a dormirse irresolutos en la sombra del olvido, en el lecho de la estulticia.

En un día tal como hoy de cada año, abandonan los filósofos sus oscuros ámbitos, los pensadores sus frías cuevas y los poetas sus quiméricas mansiones y se detienen sobre un collado, fervorosos, confundidos, oyendo exclamar a un joven crucificado: «Padre, padre, perdónalos porque no saben lo que hacen.» Y cuando la sombra vespertina vela los rayos diurnos vemos a los poetas y los filósofos encaminándose a sus retiros para abrigar sus almas con las páginas carcomidas de sus libros. Las mujeres, distraídas en los placeres de la vida mundana, en sus alhajas y sus trajes lujosos, salen de sus casas para vez a la mujer triste y desesperada echada al pie de la cruz y oír sus quejas, sus lamentos y sus sollozos. Pero los jóvenes, con el ímpetu de su edad, corren hacia donde no saben, miran un momento hacia atrás para admirar a la hermosa Magdalena y verla lavar con sus lágrimas los ensangrentados pies del crucificado; pero si bien ¡enseguida se aburren de ese triste espectáculo!, ríen entre sí, y después se marchan con rapidez.

Y hoy, igual que todos los años, la humanidad despierta con el florecer de la primavera para llorar a Jesús y conmoverse con sus sufrimientos y después abandonarse a un sueño despreocupado. Si bien la primavera estará siempre despierta, sonriendo, alegre y perfumada, acompañando al tiempo hasta el retorno del estío dorado y profundo.

La humanidad es como una mujer que apetece llorar y lamentarse por los héroes de los siglos; pero si la humanidad fuese un hombre se hubiera alegrado con la gloria y la grandeza de los héroes.

La humanidad es como una niña que solloza ante el pájaro herido, pero no se atreve a detenerse ante la tempestad que destroza con su furia las ramas secas y que arrastra con su fuerza la basura de los caminos.

La humanidad advierte en la figura de Jesús al humilde, nacido en un pesebre; escarnecido como un pobre, ultrajado como un débil y crucificado como un criminal. Y gime lamentando su muerte, pero es esto todo lo que hace para glorificarlo.

Hace ya veinte siglos que la humanidad venera la debilidad de Jesús. Pero no: Jesús fue más fuerte que toda nuestra humanidad; pero ésta desconoce lo que es la auténtica fuerza. Jesús no vivió como un humilde, ni un cobarde, no murió rogando y llorando. Vivió rebelde y como tal se crucificó y así murió como todos los fuertes. Jesús no era un pájaro con las alas quebradas, era un huracán que arrasaba a su paso todas las alas rotas. No llegó Jesús tras del horizonte azul para hacer del dolor símbolo de la vida, sino para hacer de la vida un símbolo de verdad y libertad. No temió a sus perseguidores. Fue un ser excepcional, valeroso ante sus acusadores, esforzado ante sus tiranos. Curaba con decisión las llagas sociales de su época. Silenciaba la maldad soberbia y rebatía la hipocresía farisea.

No descendió Jesús del círculo de luz para destruir los hogares y con sus piedras reconstruir conventos y monasterios. No conquistó a la humanidad con su sublime parábola para hacer de sus fuertes hijos frailes y monjes. Jesús vino a este mundo para insuflarle un espíritu nuevo y fuerte y terminar con las coronas colocadas sobre las cabezas de los miserables y de los humildes. Jesús no vino para enseñar a los hombres a construir lujosas iglesias ni elevadas catedrales, además de humildes chozas y casas frías y sombrías. Llegó para hacer del corazón humano un templo, de su alma un altar y un sacerdote de su razón.

Es esto lo que deseó Jesús el Nazareno, y son éstos los principios divinos por los que se inmoló voluntariamente, si los hombres entendieran esta verdad se habrían alegrado mucho hoy, entonando el himno del triunfo de Jesús.

Mientras tú, oh, gran maestro crucificado, que desde lo alto del Gólgotan asistes a la procesión de los siglos, que oyes el fragor de los pueblos y que ves y dominas los sueños de la eternidad. Tú eres, sobre la madera ensangrentada de la cruz, más majestuoso que mil reyes sobre sus tronos. En la agonía eres más temible y poderoso que mil generales con sus ejércitos. En tu tristeza eres más alegre que la primavera florecida, en tus aflicciones más sereno que los ángeles en su cielo, y entre los legionarios eres más libre que los prístinos rayos solares.

La corona de espinas sobre tu frente es más bella y majestuosa que la de Bahzam; el férreo clavo que atraviesa tus manos es más esplendoroso y mágico que el cetro de Júpiter, y las gotas de sangre que cubren tus pies más luminosas y brillantes que los satélites de Venus.

Concede tu perdón a los débiles que lloran tu muerte, porque no saben llorarse a sí mismos. Perdónalos porque desconocen que tú has prevalecido sobre la muerte por la muerte y que has concedido la vida a los muertos en su tumba.

EL SACERDOTE FRENTE AL AMOR Y LA MUERTE

A la medianoche entreabrió Raquel los ojos y fijó su mirada un momento en el techo de la habitación, después los cerró, con un suspiro profundo y entrecortado y, con una voz que era un susurro, dijo: «Ya rozó la aurora las laderas de los valles. Vámonos hacia ella.»

Y dicho esto calló.

El sacerdote que se encontraba a su lado se acercó a su lecho y, tomando la mano de Raquel, notó en ella un frío mortal. Tocó suavemente con sus dedos sobre su corazón y, como los siglos, lo encontró silencioso. Bajó con tristeza la cabeza. Sus labios temblaron como si en ellos pugnaran por aparecer unas palabras celestiales ocultas en lo hondo de su corazón, para que los repitiesen los fantasmas de la noche en aquellos valles distantes y vacíos. Cruzó los brazos de la muerta sobre el pecho y miró al hombre sentado en un rincón oscuro de la habitación y le habló con dulzura: «Tu esposa ha marchado a reunirse con su Creador. Levántate, hermano, y clava tus rodillas a mi lado para que recemos por su alma.»

El hombre levantó la cabeza. Por su semblante

pasó una expresión extraña. Se dilataron las niñas de sus ojos como si acabasen de mirar a algún extraño Dios en aquel recinto vacío. Se levantó y se arrodilló al lado del sacerdote, cerca del lecho, rezando, llorando y persignándose. Pasados unos instantes, el sacerdote puso las manos sobre sus hombros y le dijo: «Levántate, hermano mío, y vete a dormir a la otra habitación. Necesitas descansar.»

Le obedeció el marido sin dudar y se encaminó al cuarto vecino, tumbándose sobre un camastro. Estaba agotado por el desvelo y la tristeza. El cansancio le hizo dormirse profundamente, como el niño que duerme en brazos de su madre.

Semejante a la estatua de un dios inmóvil, perennemente contemplativo, así quedó el sacerdote en aquella estancia. Contemplaba el cadáver inerte de aquella joven con los ojos cuajados de lágrimas, mirando a veces hacia el cuarto del hombre dormido. Transcurrieron algunas horas más largas que los siglos, más terribles que la muerte; un sacerdote se encontraba entre un hombre y una mujer; un hombre que duerme el sueño de la angustia, que espera el retorno de la primavera, y una mujer que yace en los pasados tiempos abrazada por los sueños de la eternidad.

Se acercó al cadáver de la joven y se arrodilló como si lo hiciera ante un altar. Tomó con sus manos las de la muerta y sobre su mano helada, con labios temblorosos, dejó un beso largo y ardiente... Y mirando la cara pálida por el velo de la muerte, y con voz serena cual la noche, honda como el mar y temblorosa como las esperanzas humanas, exclamo:

«¡Raquel, Raquel, hermana del alma, óyeme! Ahora puedo hablar. La muerte ha abierto mis labios para descubrirte un secreto más profundo que la muerte, y el dolor movió mi lengua para revelarte algo más cruel que el dolor. Oye el grito de mi alma, oh alma, que flotas entre la tierra y la eternidad. Escucha al joven que te miraba cuando regresabas de los campos, y que se escondía tras los árboles, transido por tu belleza...

»Escucha al sacerdote servidor de Dios, que te invoca ahora sin miedo, porque has atravesado ya el umbral de la ciudad de Dios.»

Dichas estas palabras, el sacerdote se inclinó sobre el cadáver y besó su frente, besó sus mejillas, besó sus ojos y su cuello, besos largos, ardientes, silenciosos, divinos, que revelaban todo lo que había en su alma de Amor y de Dolor.

Y, repentinamente, se echó unos pasos atrás y se desplomó en el suelo, temblando como una hoja en otoño. Se diría que el contacto helado de la joven había suscitado en él un arrepentimiento. Se arrodilló y, tapándose la cara con las manos, murmuró:

«Perdón, Dios mío, perdona mi flaqueza. Me fue imposible contenerme. El secreto que guardé en mi corazón durante siete largos años lo descubrió la muerte en un segundo. Perdón, Dios mío, perdona mi flaqueza.»

Y así continuó el sacerdote, llorando y musitando, ocultando su cara. No tuvo valor para mirar los ojos de la joven muerta. Tenía miedo de sí mismo. Así pasó aquellas horas largas y terribles, hasta que el alba hubo rozado con su sonrisa las faldas de los valles, esparciendo su luz dorada sobre aquellas imágenes que simbolizaban el amor, la religión, la vida y la muerte.

YUHANNA, EL LOCO

I

Cuando era verano, Yuhanna partía todas las mañanas al campo, guiando sus bueyes, con el arado al hombro, escuchando los cantos de los pájaros y el sonar del viento en las hojas de los árboles. A mediodía se sentaba a la orilla del arroyo saltarín, que discurría entre los verdes prados, y allí comía, dejando siempre los restos de su yantar sobre la hierba para los pajarillos. Por las tardes, al ponerse el sol llevándose la luz del día, regresaba a su humilde casa en las colinas, desde la que se divisaban las aldeas del norte del Líbano.

Allí ocupaba su sitio en la mesa junto a sus ancianos padres, y en silencio prestaba atención a su conversación y sus opiniones sobre los acontecimientos del día, y lentamente se apoderaba de él un sueño reparador.

En el invierno se sentaba junto al fuego de la chimenea y escuchaba los gemidos del viento y el clamor de los elementos, observando el paso lento de las estaciones. Contemplaba desde su ventana los valles cubiertos bajo un manto de nieve y los árboles desnudos de hojas como una muchedumbre de mendigos abandonados al frío intenso y a los vientos huracanados. En las largas noches invernales seguía despierto mucho después de que sus padres se habían marchado a dormir. Y entonces abría un antiguo arcón de madera y sacaba el libro de los evangelios, que leía con sigilo a la luz tenue de una lamparita, mirando de tanto en tanto hacia su padre que dormía y que le había prohibido leer el santo libro. Esta prohibición se debía a que los sacerdotes prohibían a la gente humilde e ignorante conocer los secretos de las enseñanzas de Jesús. Y si leían ese libro serían excomulgados por la Iglesia. Así transcurrían para Yuhanna sus días juveniles, entre aquellos campos de amena belleza y el libro de Jesús, pleno de hermosas enseñanzas y de valores espirituales. Cuando hablaba su padre, Yuhanna le escuchaba en un silencio respetuoso.

En ocasiones se sentaba con sus compañeros, jóvenes como él, y también se quedaba callado, mirando por encima de ellos hacia donde la luz del crepúsculo rozaba el azul del cielo. Cada vez que asistía a la iglesia regresaba triste, porque las enseñanzas que se impartían desde el púlpito y desde el altar no eran las mismas que aprendía en los Evangelios. También Yuhanna comprobaba que la vida de los fieles y de los pastores espirituales no era la hermosa vida de la que hablaba Jesús de Nazaret.

Retornó la primavera a los campos y las praderas y la nieve se derritió. Todavía en la cima de las montañas quedaban manchas de nieve que fueron fundiéndose después y se deslizó por las laderas convertida en arroyuelos que serpenteaban por las tierras bajas. Después los arroyuelos se juntaron y formaron anchos ríos, cuyos torrentes anunciaban que la Naturaleza se había despertado de su letargo. Florecieron los manzanos y los nogales y los álamos y los sauces se llenaron de nuevas hojas; en las alturas creció la hierba verde y brotaron las flores. Yuhanna se cansó de su vida al calor del fuego, el ganado rebullía en el establo ávido de fresca hierba, pues las reservas de paja y centeno ya escaseaban. Por tanto, Yuhanna sacó al ganado de su encierro y lo llevó a campo abierto. Llevaba su Biblia disimulada bajo el capote para que no la vieran, y llegó a un prado casi al final del valle, que lindaba con los campos de un monasterio que erigía su oscura silueta, aguda como una torre entre los repechos de las colinas. Y allí el ganado empezó a pastar. Después Yuhanna se sentó, apoyándose en una roca, y dejó vagar la vista por el hermoso valle, en tanto que a ratos leía el libro que le hablaba del reino de los cielos.

Era un día, al final de la cuaresma, en que los lugareños, que se habían privado de comer carne, aguardaban impacientes la llegada de la Pascua Florida. Pero Yuhanna, como los demás aldeanos pobres, no conocía la diferencia entre los días de ayuno y de abundancia, para él todos los días eran de ayuno. Su alimento se reducía a una hogaza de pan, conseguida con el sudor de su frente, y algo de fruta adquirida con el producto de duro trabajo. Para él el abstenerse de carne y de otros manjares era lo cotidiano. Y tal régimen no le producía hambre corporal, sino espiritual; le transmitía la tristeza al Hijo del Hombre y le recordaba el fin de la vida de Jesús en la Tierra.

Los pajarillos revoloteaban alrededor de Yuhanna, piándose entre ellos, y bandadas de palomas volaban sobre su cabeza, las flores se movían suavemente al compás del céfiro, recibiendo los cálidos rayos del sol. Mientras, Yuhanna leía ensimismado en su libro, alzando en ocasiones la cabeza, reflexionando en su lectura. Veía las cúpulas de las iglesias de los pueblos salpicadas por el valle, oyendo el tañer de sus campanas. Apretó los ojos y dejó que su espíritu retrocediera a través de los siglos hasta la antigua Jerusalén, para seguir el rastro de Jesús por las viejas calles, preguntando a los transeúntes. E imaginó que le contestarían: «Aquí sanó a los ciegos y a los paralíticos. Allí le hicieron una corona de espinas y se la pusieron en la cabeza. Por estas calles se detenía y se dirigía con parábolas a las gentes. En este sitio le ataron a una columna, le escupieron en la cara y le azotaron. En aquel jardín perdonó a la ramera sus pecados. Allí desfalleció agobiado por el peso de la cruz.»

Transcurrieron las horas mientras Yuhanna padecía con la agonía del cuerpo del Hombre-Dios y se sublimaba con El en espíritu. Cuando se levantó Yuhanna, el sol estaba ya en el cenit. Miró a su alrededor buscando sus vacas por el campo y quedó confundido ante su desaparición en aquella pradera llana. Se dirigió al camino que cruzaba los campos como las líneas de la palma de una mano, y divisó lejos a un hombre con negras vestiduras, en pie en medio de los jardines. Se dio prisa para dirigirse hacia él, y al aproximarse vio que se trataba de uno de los monjes del monasterio, al que Yuhanna saludó inclinando la cabeza y le preguntó si había visto a sus animales por aquellos parajes.

El monje, disimulando su ira, miró fijamente a Yuhanna y le replicó con voz airada: «Sí los he visto; allí están, acompáñame y los verás.» Yuhanna siguió al monje hasta el monasterio, donde vio a sus animales encerrados en un corral, atados con cuerdas y guardados por otros monjes. Uno de los cuales tenía un grueso palo, con el que pegaba a las bestias cuando se movían. Al intentar Yuhanna entrar en el corral para llevarse a sus animales, el monje le asió por el capote y, mirando hacia el monasterio, gritó: «Aquí tengo al pastor culpable, le he capturado.» Al oír los gritos, acudieron los monjes y los sacerdotes, dirigidos por el superior, que se diferenciaba de sus compañeros por sus ricas ropas y su expresión severa. Rodearon a Yuhanna como soldados que se pelean por el botín. Yuhanna se dirigió al superior y le preguntó amablemente: «¿Qué os he hecho para que me tratéis como un criminal y os apoderéis de mí?» El superior le replicó con voz áspera: «Has traído tu ganado a pastar en las tierras del monasterio y has destrozado nuestras vides. Nos hemos quedado con los animales, pues el pastor es responsable de los daños que ocasionen.» El rostro adusto del padre superior se ensombrecía conforme hablaba. Yuhanna le contestó con humildad: «Padre, son seres sin juicio, y yo soy un pobre pastor que no cuenta más que con la fuerza de sus brazos y estos animales. Dejadme que me los lleve y os prometo no volver nunca por estos campos.»

El padre superior avanzó un paso, levantó la mano hacia el cielo y exclamó: «Estamos aquí por la voluntad de Dios, para cuidar de esta tierra, que fue la tierra de su elegido, el profeta Elías. Tanto de noche como de día custodiamos esta tierra, pues es sagrada, y los que la invadan serán aniquilados por el fuego eterno. Si te niegas a rendir cuentas ante el monasterio, la hierba se tornará veneno en los vientres de tus bestias. Y no habrá perdón para ti pues guardaremos los animales en nuestro corral hasta que hayas satisfecho los daños.»

Y el superior dio la vuelta para marcharse, cuando Yuhanna le detuvo y humildemente le dijo: «Os ruego, mi señor, por aquellos sagrados días en que Jesús sufrió por nosotros y María lloró de dolor, que me perdonéis y que permitáis que me marche con mis bestias. Sed piadoso conmigo, soy pobre y el monasterio es rico y poderoso. Confío en que perdonéis mi ligereza y os apiadéis de mi anciano padre.» El superior le miró con burla y desprecio, y le replicó: «No te perdonaremos ni el valor de un solo grano, eres un estúpido, nada nos importa que seas rico o pobre. Y no eres nadie para invocar los nombres sagrados, pues sólo nosotros conocemos los sagrados misterios. Si quieres llevarte tus bestias deberás pagarnos tres denarios por los perjuicios ocasionados.» Yuhanna, temblándole la voz, le dijo: «No tengo nada, ni siquiera una moneda de cobre. Tened compasión de mi pobreza.»

El padre superior se acarició la espesa barba y le replicó: «Si es como dices, vete, vende parte de tus tierras y regresa con los tres denarios. ¿Acaso no es mejor para tu alma entrar en el reino de los cielos, aunque no tengas ni un pedazo de tierra, que concitar la ira del profeta Elías con tus machaconas disculpas ante su altar e irte al infierno a sufrir el fuego eterno?»

Yuhanna calló durante unos momentos. Después se le encendieron los ojos y su actitud de ruego cambió a la de fuerza y decisión. Cuando volvió a hablar su voz era firme, con la seguridad y el conocimiento de la juventud:

«¿Acaso deben los pobres vender su tierra, de la que obtienen el pan diario, para henchir los cofres del monasterio ya llenos de oro y plata? ¿Deben los pobres serlo más cada día, hasta morir de hambre, para que el profeta Elías perdone los pecados de unas bestias hambrientas?»

El superior levantó su cabeza con soberbia y le replicó: «Así habló Jesús el Cristo: "A todo aquel que tenga, se le dará más, en añadidura; pero aquel que nada posea se le quitará hasta lo poco que tenga".»

Cuando Yuhanna oyó esas palabras sintió que su corazón se aceleraba y que su espíritu crecía en estatura. Como si la tierra se levantara bajo sus pies. Sacó la Biblia de su bolsillo, como el guerrero que desenvaina su espada para el ataque, y exclamó: «¡Así os mofáis de lo que enseña este libro, hipócritas, utilizáis lo más sagrado para propagar el mal! ¡Ay de vosotros cuando el Hijo del Hombre venga por segunda vez y derribe vuestros monasterios, sembrando sus piedras por el valle y pase a fuego vuestros altares y vuestras imágenes! ¡Caiga sobre vosotros la sangre inocente de Jesús y las lágrimas de su madre, que os arrastrarán a lo más hondo del abismo! ¡Ay de vosotros que rendís culto a los ídolos de nuestra codicia y que cubrís con vuestros negros hábitos la oscuridad aún mayor de vuestros hechos! ¡Ay de vosotros que recitáis oraciones mientras vuestros corazones son más duros que las piedras; que os arrodilláis con humildad ante los altares, pero que en vuestras almas negáis a Dios! En vuestra dureza de corazón me habéis traído aquí, como un criminal, por haber tomado algo de la hierba de la tierra que el sol ha hecho brotar para todos nosotros. Os rogué en nombre de Jesús y de los días de su pasión, y os mofáis de mí como si no supiese lo que decía. Mirad este libro y decidme cuándo Jesús no perdonó. Leed esta divina tragedia y contestadme cuándo Jesús habló sin misericordia y sin compasión. ¿Acaso fue en el Sermón de la Montaña o en sus enseñanzas en el templo, ante los que perseguían a la ramera, o en el Gólgota cuando extendió los brazos en la cruz para abarcar a la humanidad toda? Mirad todos hacia abajo, vosotros, los duros de corazón, y contemplad esas pobres aldeas en cuyas casas los enfermos mueren en lechos de dolor; fijaos en esas cárceles, en que los desgraciados pasan los días con desesperación; mirad las lujosas puertas en las que imploran los mendigos, ved esos caminos a cuya vera duerme el pobre forastero, y mirad en esos cementerios cómo sollozan la viuda y el huérfano. Mientras que vosotros vivís aquí en medio de la ociosidad y la pereza, comiendo los frutos de la tierra y bebiendo las uvas de la viña. Jamás consoláis a los enfermos ni a los presos; nunca dais alimento a quien padece hambre, ni ofrecéis techo al forastero, ni consoláis a los que sufren. Y además no estáis conformes con lo que tenéis y habéis robado a nuestros antecesores; estiráis las manos como la víbora estira la cabeza para robar a la viuda el fruto de su trabajo y al aldeano su peculio para su ancianidad.»

Yuhanna hizo un alto para tomar aliento y después continuó, irguiendo orgullosamente la cabeza, y habló con voz serena:

«Sois muchos y yo estoy solo. Haced conmigo lo que se os antoje. La oveja puede ser víctima de los lobos en la noche oscura, pero su sangre salpicará las piedras del valle hasta que salga la aurora y brille el sol.»

Así dijo Yuhanna y en su voz había un tono de inspiración, una fortaleza que dejaba inmóviles a los monjes y aumentaba su furia. Los monjes se estremecían de rabia y sus dientes crujían cual hambrientos leones aguardando una señal del principal para abalanzarse sobre el joven y destrozarlo. No obstante, siguieron inmóviles hasta que Yuhanna terminó de hablar y se produjo un silencio como la calma tras la tempestad que ha asolado las más altas ramas y los más poderosos árboles. Después el superior gritó con ira: «¡Prended a este maldito pecador, quitadle el libro y arrojadlo en la más profunda celda, los que atentan contra los elegidos del Señor no serán perdonados ni en éste ni en el otro mundo!» Los monjes se precipitaron como el león sobre su presa, ataron sus brazos y lo arrojaron a una pequeña celda, y antes de echar el cerrojo golpearon y patearon su cuerpo.

Y en aquel lóbrego sitio quedó Yuhanna, el vencedor, a quien su malhadada suerte había hecho presa de sus enemigos. Por una grieta de la pared contempló el valle que se extendía bajo la luz del sol. Su expresión se animó y su alma sintió el abrazo de una divina resignación, y se adueño de él una serena alegría. La estrecha celda retenía en prisión su cuerpo, pero su espíritu era libre y flotaba con la brisa sobre los prados y las ruinas. Los golpes de los monjes habían herido su cuerpo, pero no habían dejado huella en sus más profundos sentimientos, y en ellos se sentía en paz y seguro protegido por Jesús de Nazaret. La persecución no daña al justo, ni la opresión destruye a quien se acoge a la verdad. Sócrates bebió la cicuta con una sonrisa; Pablo se alegró cuando le apedrearon. Lo que nos daña es negar la conciencia oculta, pues cuando la traicionamos nos hiere. Los padres de Yuhanna tuvieron noticia de la situación de su único hijo. La madre, apoyándose en su bastón, se encaminó al monasterio y se echó a los pies del padre superior. Lloró, suplicó y besó las manos al superior rogando perdón para su incauto hijo. El padre superior elevó sus ojos al cielo como quien está desasido de los asuntos mundanos y le habló a la madre: «Podemos ser tolerantes y perdonar la osadía de tu hijo, y comprender que fue fruto de su juventud, pero el monasterio tiene derechos superiores que debemos cumplir. Nosotros, en nuestra modestia, perdonamos a los que ofenden a los hombres, pero el profeta Elías no puede perdonar a los que asolan sus viñedos y a los que llevan sus animales a pastar en su sagrada tierra.»

La madre miró al monje, mientras amargas lágrimas corrían por sus ajadas mejillas. Se quitó un collar de plata que colgaba de su cuello y, entregándoselo al superior, le dijo: «Padre, este collar es todo lo que tengo, es un regalo de mi madre el día de mi boda. Confío que lo acepte el monasterio como pago de la culpa de mi único hijo.»

El superior tomó el collar y lo guardó en su faltriquera; mientras la madre le besaba llena de gratitud las manos, le dijo:

«¡Ay de estos jóvenes que han malinterpretado los versículos del Evangelio y que han comido las uvas ácidas! Sea contigo la paz, buena mujer, e implora al cielo que cure a tu hijo y le vuelva a la razón.»

Yuhanna salió de la celda y caminó despacio llevando sus animales; junto a él iba su madre, apoyada en su bastón y vacilante por el peso de los años. Cuando llegaron a su morada, el joven encerró a las bestias en el establo y se sentó en silencio al lado de la ventana, contemplando la llegada del ocaso. Al rato oyó que su padre musitaba al oído a su madre: «Sara, te he dicho muchas veces que nuestro hijo era ligero de cabeza, pero nunca me hiciste caso. Ahora no podrás negarme la razón, pues sus actos han demostrado lo que yo decía, como también lo ha confirmado las palabras del padre superior.»

Yuhanna continuó en silencio mirando hacia el oeste, mientras los rayos del sol que se retiraba iluminaban las espesas masas de nubes.

II

Eran los días de la Pascua Florida, y a los días de ayuno siguieron los de alegría. El nuevo templo se había terminado de construir y se levantaba dominando las casas de Besharri como el palacio de un rey rodeado por las moradas de sus súbditos. Se habían reunido las gentes aguardando la llegada del obispo, que consagraría el templo y sus altares. Al acercarse la hora de la llegada del dignatario la gente salió del pueblo en procesión y el prelado se unió a ellos mientras los aldeanos entonaban cantos en alabanza y los sacerdotes sus solemnes cánticos, acompañados de la música de los címbalos y del redoblar de las campanas. Al descender el obispo de su caballo, lujosamente enjaezado, con bridas de plata, se adelantaron a recibirle los sacerdotes y los notables del pueblo, que le ofrecieron las llaves de la aldea con solemnes palabras y cantos litúrgicos. Al entrar el obispo en el nuevo templo le revistieron con las vestiduras talares recamadas en oro y le colocaron una corona incrustrada de preciosas gemas. Después le dieron el báculo, delicadamente tallado y adornado con piedras preciosas. Recorrió el templo entonando himnos con los sacerdotes, mientras que el incienso perfumado saturaba el aire que se iluminaba con las muchas velas encendidas.

También estaba Yuhanna entre los pastores y campesinos, en uno de los lados del templo, contemplando el espectáculo con mirada triste. Suspiraba con amargura al ver, por un lado, ropas de seda y vasos de oro, incensarios y lujosas lámparas de plata, y, por el otro, a los aldeanos pobremente vestidos que habían ido de sus pequeños lugares a recrearse con el acontecimiento y con la ceremonia de consagración. De un lado, se veía a los poderosos vestidos de terciopelo y raso, y, del otro, a los miserables vestidos con ropas harapientas. El poder y la riqueza daban esplendor a la religión con sus cánticos litúrgicos, mientras los pobres, humildes y desheredados se complacían con los misterios de la Resurrección. Los rezos y los murmullos que brotaban de los corazones desvalidos flotaban en el aire. De un lado, los jefes y los poderosos esparcían vitalidad como árboles frondosos. Al otro lado estaban los aldeanos, los sometidos, cuya existencia es como un navío mandado por la Muerte; aquellos cuyo timón ha roto la tempestad y cuyas velas desgarra el viento; las gentes pobres, acorraladas entre el miedo a la tormenta y el terror del abismo. De un lado, la tiranía opresora; por el otro, la sumisión ciega. ¿Es que son parientes entre sí? ¿Es quizá la opresión un robusto árbol que sólo arraiga en las tierras bajas? ¿Es acaso la servidumbre un campo baldío en el que no crecen más que espinas?

Estas melancólicas reflexiones y estos tristes pensamientos se disputaban el ánimo de Yuhanna. Golpeaba su pecho y abría su boca temiendo ahogarse, como si su hábito intentara escaparse del pecho. Y así continuó hasta que la ceremonia de la consagración se terminó, y cuando las gentes empezaron a marcharse.

Entonces fue cuando Yuhanna notó que un espíritu que se cernía en el aire lo forzaba a levantarse y a hablar en su nombre a la multitud, un ignorado poder le instaba a predicar ante el cielo y la tierra. Se dirigió Yuhanna hacia el altar del templo y, elevando la mirada, hizo con su mano una señal hacia los cielos. Con voz tonante, que llamó la atención de los allí reunidos, clamó:

«Contempla, ¡oh Jesús!, Hombre de Nazaret, que estás sentado en el círculo de luz en las alturas; mira desde el azul firmamento esta tierra cuyos elementos llevaste como manto. ¿Contémplanos, fiel campesino, pues las semillas han matado las flores cuyas semillas hiciste brotar con el sudor de tu frente. Mira, oh buen pastor, pues el débil cordero que llevaste en tus hombros ha sido destrozado por las fieras. Tu sangre inocente no fecunda la tierra, y tus ardientes lágrimas están secas en los corazones humanos. El calor de tu aliento se ha diluido en los vientos del desierto. Estos campos en que se posaron tus pies, son ahora un campo de batalla donde los pies de los poderosos trituran las costillas de los pobres; donde la mano del poderoso sofoca el espíritu del oprimido. Los perseguidos gimen en las tinieblas, y los que ocupan los tronos, invocando tu nombre, son sordos a tales gritos, tampoco oyen los lamentos de los afligidos los que predican tu enseñanza desde los púlpitos. El cordero que mandaste como mensajero del Señor de la Vida se ha tornado un animal de rapiña que destroza al cordero que cargaste sobre tus hombros. El mensaje de la vida que nos trajiste desde el corazón de Dios está secuestrado en las páginas de los libros, y en lugar de la vida hay un lamento de miedo y miseria en todos los corazones.

Estas gentes, oh Jesús, han levantado templos y tabernáculos a la gloria de tu nombre, y los han adornado con recamados terciopelos y abundante oro. Para ello han despojado a los pobres, tus elegidos, y, no obstante, los sacerdotes queman incienso y encienden velas. Han robado el pan a los creyentes en tu divinidad. Y mientras el aire hace eco a sus salmos y a sus himnos, los sacerdotes son sordos al gemir del huérfano y a los lamentos de la viuda. Por ello debes venir por segunda vez, oh Jesús, y expulsar del tempo a los mercaderes de la religión, pues la han transformado en un hediondo nido de víboras anegado en veneno. Ven y recrimina a estos césares que han arrebatado a los pobres lo que es de Dios. Mira la viña que plantó tu mano diestra. Los gusanos han devorado sus tiernas ramas y sus uvas son pisoteadas sin beneficio para nadie. Contempla a aquellos a quienes trajiste la paz y considera cómo están divididos y peleando entre sí, y las víctimas de sus guerras somos las almas anhelantes y los corazones oprimidos.

En los días festivos y en celebraciones religiosas, los sacerdotes elevan su voz invocando la gloria de Dios en las alturas y paz y felicidad en la tierra a todos los hombres. ¿Acaso tu Padre celestial es glorificado cuando labios corrompidos y lenguas mentirosas repiten tu nombre? ¿Rige la paz en la tierra cuando los hijos del dolor aran los campos y ven que sus fuerzas menguan bajo el sol para llenar las bocas de los poderosos y los vientres de los déspotas? ¿Puede haber alegría cuando los despojados consideran la muerte como liberación? ¿Qué es entonces la paz, dulce Jesús? ¿Es lo que vemos en los ojos de los niños famélicos y en los pechos de hambrientas madres que moran en lugares fríos y tenebrosos? ¿Es lo que acusan los cuerpos de los desposeídos que duermen en lechos de piedra esperando alimentos que no llegan, pues los sacerdotes los echan a los cerdos? ¿Qué es la alegría, oh Jesús? ¿Hay alegría cuando un soberano puede comprar la fuerza de los hombres y la virtud de las mujeres por unas pocas monedas de plata? ¿Existe la alegría en esos silenciosos esclavos en cuerpo y alma cuyos ojos se deslumbran con las alhajas y las sortijas y las ropas de raso de los sacerdotes? ¿Hay alegría en los lamentos de los oprimidos cuando los tiranos se echan sobre ellos empujando la espada y aplastan los cuerpos de sus mujeres e hijos con las patas de sus caballos, haciendo que la tierra se empape con la sangre de los pobres? Levanta tu poderosa mano, oh Jesús, y redímenos, pues la mano del opresor pesa sobre nosotros O si no, mándanos la muerte para que nos lleve a la tumba, donde dormiremos en paz hasta tu segundo retorno protegidos por la sombra de tu cruz. Pues en verdad, nuestra vida no es nada más que el reino de las tinieblas habitado por malignos espíritus, y un valle hierviente de serpientes y dragones. Nuestras vidas son espadas que en la noche duermen en nuestros lechos y que durante el día penden sobre nuestras cabezas siempre que el deseo de supervivencia nos conduce a los campos. Apiádate de nosotros, oh Jesús, de estas muchedumbres que invocan tu nombre el día de al Resurrección. Compadécete de nuestra debilidad y de nuestra humildad.»

Estas fueron las palabras de Yuhanna, mirando al cielo y rodeado por las gentes. Unos aprobaron sus palabras y lo elogiaron; otros las negaron y lo increparon. Un aldeano gritó: «¡Es verdad lo que ha dicho poniendo por testigo al cielo, pues estamos oprimidos!» Otro dijo: «Este hombre está poseído por el diablo y sus palabras las dicta un espíritu maligno.» Otro más agregó: «Jamás hemos oído tantas tonterías y no queremos seguir oyéndolas.» Y otro musitó al oído de su compañero: «Al oírle noté un estremecimiento en mi corazón, pues este hombre ha hablado con un poder extraño.» Y su compañero le replicó: «Es como tú dices, pero nuestros sacerdotes saben más de estos asuntos que nosotros; es una equivocación dudar de ellos.»

Y mientras se oían gritos por doquier y se convertían en un clamor como el del oleaje que se dispersa y se pierde en el espacio, apareció un sacerdote que se apoderó de Yuhanna y lo entregó a los soldados.

Fue llevado a la residencia del gobernador y le interrogaron sin que él contestase, recordando que Jesús había permanecido en silencio frente a sus perseguidores. Por lo cual le arrojaron en una celda tenebrosa, donde durmió esa noche, apoyando su cabeza en la piedra del muro.

Y a la mañana siguiente se presentó ante el gobernador el padre de Yuhanna a testimoniar la locura de su hijo:

«Señor, comenzó el padre de Yuhanna, muchas veces le he oído balbucear estando solo y hablar de cosas raras que no existen. Una y otra noche ha hablado en el silencio, con palabras extrañas, invocando a las tinieblas con horrible voz, como los hechiceros cuando repiten sus conjuros. Si les preguntas a sus jóvenes amigos, te dirán que la mente de mi hijo estaba llena de extraños pensamientos. Cuando ellos le hablaban casí nunca les respondía, y cuando lo hacía no le entendían, pues lo que decía nada tenía que ver con la conversación. Preguntad a su madre, pues ella, como tal, sabe que nuestro hijo ha perdido la razón. En muchas ocasiones le ha visto con la mirada perdida en el horizonte, y le ha oído hablar con pasión de los árboles, de las flores, de los arroyos y de las estrellas, con palabras confusas e infantiles. Podéis también preguntar a los monjes del monasterio, con los que tuvo un incidente, burlándose de las cosas sagradas y despreciando la santa vida que practican. Mi hijo está loco, pero es cariñoso con su madre y conmigo. Nos sostiene en nuestra vejez y nos ayuda en nuestras necesidades con el sudor de su frente. Sé piadoso con él y con nosotros y perdona sus locuras en atención a nosotros.»

Yuhanna fue liberado y se esparció por todas partes la historia de su locura. Los jóvenes se referían a él con sorna, mientras las doncellas le miraban con tristeza y decían: «Los cielos decretan las extravagancias de los hombres. Y en este joven la belleza se aúna con la locura, y el brillo de sus hermosos ojos va unida a la oscuridad de su alma enferma.»

En un prado entre las colinas, vestido con su atuendo de plantas y flores, se encontraba Yuhanna sentado cerca de sus vacas, que habían encontrado aquellos buenos pastizales huyendo de la violencia de los hombres. Yuhanna, con ojos cubiertos de lágrimas, miraba los pueblos y alquerías que salpicaban las laderas de los valles y, suspirando profundamente, hablaba así a menudo:

«Vosotros sois muchos y yo soy solo. Podéis decir de mí lo que queráis y hacer conmigo lo que os parezca. La oveja puede ser víctima de los lobos en las tinieblas de la noche, pero su sangre salpicará las piedras del valle hasta que la aurora aparezca y vuelva a brillar el sol.»

BIBLIOTECA EDAF

1 DANTE
La Divina Comedia

2 CH. DARWIN
El origen del hombre

4 MAQUIAVELO
El Príncipe

5 SHOPENHAUER
El amor, las mujeres y la muerte

6 ANÓNIMO
Cantar de Mío Cid

9 BAUDELAIRE
Las flores del mal

11 STENDHAL
Rojo y Negro

13 F. DOSTOYEVSKI
Crimen y castigo

14 F. NIETZSCHE
Así hablaba Zaratustra

19 CALDERÓN
La vida es sueño. El alcalde de Zalamea

20 SHAKESPEARE
Hamlet, Romeo y Julieta

22 DESCARTES
Discurso del método

24 GOETHE
Fausto

33 J. J. ROUSSEAU
Emilio

37 IBSEN
Casa de muñecas. El pato salvaje. Los espectros

38 CH. DARWIN
El origen de las especies

39 CHEJOV
Tío Vania. El jardín de los cerezos. La gaviota

44 G. FLAUBERT
Madame Bovary

45 G. A. BÉCQUER
Rimas

46 F. DE ROJAS
La Celestina

47 A. SCHOPENHAUER
Arte del buen vivir

50 CERVANTES
Don Quijote de la Mancha

54 OVIDIO
El arte de amar. El remedio del amor

63 GORKI
La madre

66 J. Hernández
El gaucho Martín Fierro. La vuelta de Martín Fierro

72 E. Renán
Vida de Jesús

75 Coulanges
La ciudad antigua

79 Homero
La Odisea

80 Homero
La Ilíada

81 F. Nietzsche
El Anticristo. Cómo se filosofa a martillazos

84 O. Wilde
El retrato de Dorian Gray

85 J. J. Rousseau
El contrato social

87 Volney
Las ruinas de Palmira

97 Virgilio
La Eneida

98 Esquilo
Tragedias completas

101 F. Kafka
La metamorfosis. La condena

106 E. A. Poe
Narraciones extraordinarias

109 F. Kafka
El proceso

111 F. Kafka
El castillo

115 F. Nietzsche
Más allá el bien y del mal

119 Molière
Tartufo. El avaro El misántropo

121 Platón
La República o el Estado

122 R. Darío
Antología poética

123 F. Nietzsche
Humano, damasiado humano

124 Shakespeare
Macbeth. Otelo. Julio César

126 Anónimo
La vida del Lazarillo de Tormes

129 F. Nietzsche
La voluntad de poderío

130 Platón
Diálogos: Critón; Fedón; El Banquete; Parménides

132 Molière
El médico a palos. Las mujeres sabihondas. El enfermo imaginario

134 F. Nietzsche
Mi hermana y yo

135 A. Casona
La dama del alba. La sirena varada. Nuestra Natacha

136 F. García Lorca
Antología poética

138 Sófocles
Tragedias

141 F. Kafka
Carta al padre

144 Cervantes
Novelas ejemplares

145 W. Whitman
Canto de mí mismo

146 J. Burckhardt
La cultura del Renacimiento en Italia

149 Eurípides
Tragedias

150 A. Casona
La barca sin pescador. Siete gritos en el mar

151 A. Casona
Los árboles mueren de pie

152 A. Machado
Antología poética

153 Juan Ramón Jiménez
Platero y yo

155 G. J. Gibrán
El profeta

156 A. Casona
Retablo jovial

160 F. Nietzsche
El viajero y su sombra

161 G. J. Gibrán
El vagabundo. Ninfas del Valle

162 R. Tagore
El jardinero

163 A. Casona
Prohibido suicidarse en primavera.
La casa de los siete balcones

164 G. J. Gibrán
El jardín del profeta.
Arena y espuma

169 Juan Ramón Jiménez
Antología poética

170 A. Casona
Flor de leyendas. Poesía

174 F. García Lorca
Romancero gitano. Llanto por Ignacio Sánchez Mejías

177 M. de Unamuno
San Manuel Bueno, mártir, y tres historias más

178 G. A. Bécquer
Rimas y leyendas

180 A. Bareau
Buda

181 HERODOTO
Los nueve libros de la Historia

182 G. J. GIBRÁN
El loco. Lágrimas y sonrisas

187 G. J. GIBRÁN
Jesús, el hijo del hombre

193 F. DOSTOYEVSKI
Los hermanos Karamazov

194 G. J. GIBRÁN
La voz del maestro

195 VENCESLAS KRUTA
Los celtas

196 JENOFONTE
Anábasis (La retirada de los diez mil)

197 SHAKESPEARE
El mercader de Venecia. Coriolano

198 O. WILDE
La importancia de llamarse Ernesto. El abanico de Lady Windermere

199 A. CASONA
La tercera palabra

200 EDICIÓN DE VÍCTOR DE LAMA
Antología de la poesía amorosa española e hispanoamericana

201 PLUTARCO
Vidas paralelas. Alejandro y Julio César

202 ARISTÓFANES
Los acarnienses. Los caballeros. Las ranas

203 STENDHAL
Del amor

204 VOLTAIRE
Cándido

205 J. ORTEGA Y GASSET
Estudios sobre el amor

206 G. J. GIBRÁN
Los tesoros de la sabiduría

207 EDICIÓN DE VÍCTOR DE LAMA
Sonetos de amor

208 A. SHOPENHAUER
El arte de tener razón

209 F. NIETZSCHE
Aurora

210 A. SCHOPENHAUER
La lectura, los libros y otros ensayos

211 A. SCHOPENHAUER
Respuestas filosóficas a la ética, a la ciencia y a la religión

212 AZORÍN
Castilla

213 GOETHE
Werther

214 ANÓNIMO
Romancero Viejo

215 W. SHAKESPEARE
Ricardo III

216 SÉNECA
Sobre la felicidad. Sobre la brevedad de la vida

217 CERVANTES
Entremeses

218 P. A. DE ALARCÓN
El sombrero de tres picos

219 EDICIÓN DE VÍCTOR DE LAMA
Poesía de la generación del 27

220 M. J. DE LARRA
Artículos de costumbres

221 O. WILDE
Un marido ideal. Una mujer sin importancia

222 W. SHAKESPEARE
El sueño de una noche de verano. Las alegres comadres de Windsor

223 F. NIETZSCHE
El nacimiento de la tragedia

224 F. B. PEDRAZA
Iniciación a la fiesta de los toros

225 W. SHAKESPEARE
El rey Lear

226 ORTEGA Y GASSET
El Espectador

227 F. GARCÍA LORCA
Bodas de sangre. La casa de Bernarda Alba

228 F. DOSTOYEVSKI
El jugador

229 J. ZORRILLA
Don Juan Tenorio

230 P. MUÑOZ SECA
La venganza de Don Mendo

231 **Diccionario de mitología mundial**

232 ARTHER FERRILL
La caída del Imperio Romano

233 PÍO BAROJA
Juan Van Halen, el oficial aventurero

234 A. SCHOPENHAUER
Pensamiento, palabra y música

235 EDICIÓN DE MELQUÍADES PRIETO
Antología de la poesía española e hispanoamericana

236 PABLO NERUDA
Veinte poemas de amor y una canción desesperada

237 MOLIÈRE
Las preciosas ridículas
La escuela de mujeres
El casamiento forzoso